땅사부일체

내 인생 첫 토지 투자

따사부 일체

| 토지스쿨 정연수 지음 |

한국경제신문i

1. 월급만으로 먹고살기 힘들어요. 어떻게 하면 좋을까요?

〈스치듯 안녕〉이란 노래가 있지요. 노래 제목과 맞아떨어지는 현실이 바로 월급통장입니다. 월급은 통장에 찍히지만, 잉크가 채 마르기도 전에 사라지고 말죠. 월급쟁이라면 한 번쯤 이러한 기이한 현상을 목격했을 겁니다. '대체 왜 이러지?' 야속해하다가 이내 '그래, 월급쟁이가 다 그렇지 뭐…' 하며 자책합니다.

누구나 부자를 꿈꿉니다. 지난해 로또 판매액이 약 3조 8,000억 원으로, 하루 평균 104억 원치가 팔려나가는 것만 봐도 부자가 되고 싶은 열망이 얼마나 큰지 알 수 있습니다. 특히 수입이 뻔한 월급쟁이들은 더욱 부자가 되고 싶습니다. 그런데 재테크는 엄두를 내지 못하는 경우가 많습니다. 재테크는 여유 있는 자의 전유물이라고 오해하기 때문이죠. 그런데 과연 그럴까요? 부자니까 재테크를 하는 게 아닌, 부자가 아니니 부자가 되려고 재테크를 하는 겁니다. '돈이 있어야 투자를 하지'라는 자포자기 마인드는 이제 그만! 토지 재테크는 소액으로도 얼마든지 가능합니다.

2. 땅 투자하면 돈 벌 수 있어요?

네, 땅 투자하면 돈 벌 수 있습니다. 단, 미래가치가 있는 제대로 된 땅에 투자해야 한다는 전제조건이 있습니다. 아무리 좋은 땅이라도 이미 가격이 많이 올라 있다면 큰 매력이 없습니다. 또한, 아무리 저렴해도 더 오른다는 보장이 없으면 역시 매력이 없습니다. 대한민국에 땅은 많지만, 제대로 된 땅을 골라낼 안목까지 지닌 사람이 많은 것은 아닙니다.

저금리 시대, 물가 상승률이 은행 예금률보다 높은 현실에서 막연히 저축만으로 부자가 되긴 힘듭니다. 부동산 투자의 꽃이라 불리는 땅 투자는 욕심을 부리지 않고 장기적으로 접근한다면 높은 수익을 주는 황금알이 될 것입니다.

3. 땅 투자, 큰돈 들어가고 장기간 묶이는 거 아닌가요?

토지 투자를 해보신 분들은 또 다른 투자 지역을 물색하느라 바쁜데, 아직 토지 투자를 해보지 않은 분들은 토지 투자에 대해 많은 오해를 가지고 있는 점을 느낍니다. 성공담을 듣고 토지 투자로 돈을 벌 욕심은 있으면서도 토지 투자를 하면 큰돈이 장기간 묶여 환금성이 떨어진다고 생각하거나, 토지 투자로 큰 수익을 얻기 힘들 것이라고 생각하는 것입니다. 이분들이 불과 몇 년 전에 세종시나 제주도, 평택 등의 지역에 1억 원 정도만 투자했더라면 이런 말들은 하지 않았을 것입니다. 지금 세종시 등 인기 지역의 땅들은 내놓자마자 바로 팔릴 만큼 환금성이 뛰어나고, 이런 땅에 투자하면 단기간에 높은 시세차익을 얻을 수도 있습니다. 하지만 많은 사람들이 자신이 사는 지역에서 벗어나지 못해 '우물 안 개구리'처럼 투자하고 있습니다. 조금만 눈을 돌리면 우리나라에는 아직도 3,000~5,000만 원 소액으로도 투자할 곳이 많습니다.

4. 기획부동산이 추천해준 토지에 투자했는데, 결과적으로 돈만 묶인 채 아무것도 못 하고 있어요.

기획부동산의 피해사례를 들을 때마다 참으로 안타까운 마음을 금할 수 없습니다. 기획부동산은 땅으로 부자 된 사람들이 많다는 현실을 아주 잘 이용합니다. 세종, 제주도, 평택, 원주 등 누구나 한 번쯤 들어봤을 법한 지역을 거론하며 이 지역에 땅 투자를 하라고 권합니다. 하지만 제가 누차 강조하는 점이 제대로 된 땅에 제대로 투자했냐는 것입니다. 아무리 유명한 지역이라도 돈만 묶인 채 아무것도 못 하는 땅도 많기 때문입니다. 그래서 기획부동산에 속지 않으려면 땅을 알아야 합니다.

　현재 저는 백화점 등 여러 곳에서 강의를 진행하고 있는데, 하루는 강의가 끝나고 연세 지긋하신 할머니 한 분이 어두운 표정으로 다가와 자신이 얼마 전 투자를 한 이야기를 털어놓았습니다. 투자한 땅을 하나하나 살펴보니, 이분의 어두운 표정을 이해할 수 있었어요. 당일 강의 내내 투자하면 안 될 땅이라고 강조한 그런 땅들에 설상가상으로 기획부동산에 속아 터무니없이 비싼 가격으로 투자한 것이었죠. 저 역시 최근에 알고 놀란 사실이지만, 대한민국 전체 사유지의 70% 이상이 기획부동산을 통해 거래가 되고 있었습니다. 눈물을 글썽이며 어쩔 줄을 몰라 발만 동동 구르는 모습을 보며 말할 수 없는 마음의 아픔을 느꼈습니다. 이분을 보며 기획부동산에 분개하는 마음까지 생겨 이 책을 써야겠다고 다짐했습니다. 어떤 땅이 가치가 있고 좋은 땅인지, 그리고 어떻게 땅 투자에 접근해 나가야 하는지를 전해 더 이상 피해자들이 생기지 않도록 말입니다. 세상은 아직도 활개 치는 기획부동산이 많으니 달콤한 말에 속지 말고 실력 있는 전문가의 도움을 받아 제대로 땅 투자하길 거듭 말씀드립니다.

5. 소장님은 어떻게 젊은 나이에 부자가 되셨어요?

불과 10년 전까지만 해도 저는 하루하루 힘든 삶을 살아야 했습니다. 아버지의 사업 실패로 유년 시절부터 어려워진 집안 형편에 십여 종류도 넘는 다양한 일을 했지요. 하루하루 열심히 벌어도 생계비를 충당하지 못할 만큼 힘들었던 20대 시절의 제 삶은 전쟁터처럼 치열했습니다. 가족 여행은커녕 또래 친구들과 어울릴 수 있는 시간조차 사치였습니다. 고된 시절을 보낸 저는 누구보다 간절히 부자가 되고 싶었습니다. 먹고 싶을 때 먹을 수 있고, 여행을 떠나고 싶을 때 떠날 수 있고, 갖고 싶은 것이 있을 때 살 수 있는 돈을 벌고 싶었습니다. 당시엔 막연한 꿈이었지만 바람만큼은 누구보다 강렬했지요. 그리고 그 바람은 갈수록 간절해졌습니다.

바람과 같던 20대 시절을 보내고 30대가 되었던 어느 날 "땅을 보러 간다"는 지인의 말에 함께 땅을 보러 다녀오게 되었습니다. 이분은 꾸준한 토지 투자로 1만 평 이상을 보유했는데, 이분이 사들인 땅은 몇 년 사이에 지가가 크게 올랐습니다. 바로 그 자리에서 1억 원 상당의 땅을 고민도 하지 않은 채 투자하는 그의 모습을 본 저는 그때부터 토지 투자에 관심을 갖게 되었고, 공부를 하면 할수록 엄청난 부자들은 땅을 통해 탄생했다는 것을 알게 되었습니다. 돌이켜보면 그분은 제 운명을 바꿔준 평생의 은인이며, 그 땅은 제 인생을 송두리째 바꾸어버린 운명과도 같은 토지였습니다.

　저는 서울 영등포에서 태어났지만 자란 곳은 대전입니다. 대전시는 세종시와 가까워 땅에 관심이 많았던 제게 정말 운명과도 같은 행운이었습니다. 행정수도를 세종시로 이전한다는 개발계획이 발표되면서 제게는 투자 실전 경험을 할 수 있는 좋은 현장이 생긴 셈이었죠. 세종시는 저의 첫 투자처이기도 하고, 첫 투자 성공을 안겨준 지역이기도 합니다. 지금으로부터 6년여 전까지만 해도 세종시 장군면 봉안리 일대의 계획관리지역 토지는 평당 30~40만 원에 거래되었는데 현재는 400~450만 원에 거래되고 있습니다. 세종시에는 불과 몇 년 사이에 5~10배까지 가격이 상승한 토지들이 많습니다. 심지어 20배 이상 가격이 상승한 토지들도 있죠. 일례로 제 지인 중에는 6년 전부터 토지 투자를 시작해 100억 원 이상의 자산가가 된 분도 있습니다. 토지 투자는 이론 공부도 중요하지만, 발로 뛰는 만큼 성과를 얻습니다. 전국 각지 현장에서 토지를 경험하고 배워온 저는 어느새 토지 전문가가 되어 각종 토지 투자 강의와 방송 출연 등을 하고 있습니다. 오랜 현장 지식과 실무를 토대로 제 도움을 받아 수익을 본 주변 분들도 꽤 많습니다.

6. 지금 이 순간에도 토지가격은 오르고 있습니다

세종시 토지 투자를 시작으로 제 삶은 어렵던 지난 시절은 생각도 할 수 없을 만큼 송두리째 바뀌었습니다. 세종시 토지 투자로 자신감이 생긴 저는 우리나라 곳곳의 토지에 투자했습니다. 새만금, 여주, 당진, 평택, 제주도까지 꾸준히 분산 투자했어요. 그리고 현재 이 토지들의 가격은 지금 이 순간에도 오르고 있습니다. 이렇게 저는 토지 투자로 불과 몇 년 만에 또래 친구들보다 여유 있고 멋진 삶을 살게 되었고, 지금 이 순간에도 투자를 멈추지 않고 있습니다. 대한민국 부동산 시장 중 토지 시장에는 아직도 블루오션이 많다는 것을 잘 알고 있기 때문입니다. 그리고 저는 이 책을 통해 대한민국 곳곳에 숨어 있는 블루오션 토지와 지금 당장 투자하더라도 좋은 결과를 얻을 수 있는 토지들을 소개하려 합니다.

7. 다 같이 잘사는 사회를 꿈꿉니다

저는 꿈이 있습니다. 더 정확히 말하면 꼭 이뤄낼 저의 목표입니다. 45세가 되는 2021년까지 땅문서 30개 소유, 매년 토지 책 출간, 토지스쿨 회원 10만 명 유치가 목표입니다. 50세가 되는 2026년까지는 회원들과 함께 토지 개발사업으로 수익 창출, 부동산 방송국

개국, 땅문서 50개 소유, 토지스쿨 회원 100만 명 유치입니다. 55세가 되는 2031년까지는 총 100억 원대 부동산으로 부가수익을 창출하며 세계 주요 도시 부동산 포럼에 참석하고 투자할 계획입니다. 끝으로 60세 이후는 전원주택단지 개발로 가족, 지인들과 함께 공동체 생활을 하고 싶습니다. 또한, 인재 육성을 위한 장학 재단을 설립해 다 같이 잘사는 사회는 만들고 싶습니다.

　노블레스 오블리주noblesse oblige, 높은 사회적 신분에 상응하는 도덕적 의무와 책임을 뜻하는 이 말처럼 진짜 부자는 더불어 살아야 한다고 생각합니다. 나무가 모여 숲을 이루고 그 숲에서 나무들이 더불어 사는 것처럼, 더불어 살 줄 알아야 진짜 부자가 될 수 있지 않을까요?

　이 책을 출간하기 전에 저처럼 토지 투자로 운명을 바꾸고 싶은 분들을 위해 토지 투자 인터넷 카페 '토지스쿨'을 개설했습니다. 저처럼 인생역전을 이루는 분들에게 조금이라도 도움이 되고 싶습니다. 월급만으로는 노후대비는 물론 생계유지도 어려워진 세상에서 이 책을 통해 토지 투자에 성공해 멋진 인생을 꿈꾸는 분들이 많아지길 희망합니다. 토지 투자, 소액으로도 얼마든지 단기간 차익을 볼 수 있는 땅들이 많으므로 열린 마음으로 지금 바로 시작해보세요. 성공한 사람들 이면에는 거창한 비법이 있는 듯 보이지만, 실상은 간단한 경우가 많습니다. 바로 실천을 했느냐, 안했느냐의 차이입니다.

여러분의 토지 투자 성공을 기원하며

정 연 수

차례

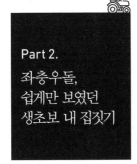

• **Part 1** •

부자가
되고 싶은
동건 씨

나는 왜
이 모양이지…

신문을 읽고 있던 동건 씨 눈동자가 커졌다.

"2018년 토지보상금 총 16조 원에 달해…."

눈길을 확 끄는 머리기사를 보는 순간 동건 씨 가슴이 울렁거렸다. 한 사람이 받은 토지 보상액이 자그마치 1,721억 원이란다. 헉….

'자식들은 좋겠다…. 평생 놀고먹어도 되겠네. 우리 아버지는 어디 이런 땅 갖고 계신 거 없나? 내가 평생 효도할 텐데….'

동건 씨는 부러움을 넘어 자조 섞인 한숨이 나온다.

흙수저, 헬조선, N포 세대 등으로 대표되는 2018년 대한민국의 현 상황에 알뜰살뜰 살아야 할 이유마저 모르겠다는 동건 씨다. 손바닥이 닳도록 이력서를 쓰고 면접을 봐도 번번이 고배를 마시다 가까스로 턱걸이 취직을 했다. 하지만 탄생부터 금수저를 물고 태어난 사람들은 노력하지 않아도 떡하니 한자리 꿰차고 앉아 있으니 노력의 의미가 무의미하게 느껴진다. 열심히 노력해도 승진 자리에는 낙하산이 먼저 내려앉고, 악착같이 모아도 집 한 채 사기는커녕 전세보증금 올려주기도 빠듯한 현실이다.

도대체 어디서부터 잘못됐는지 모르겠다. 열심히 일해서 7~8년 정도 모으면 빈듯한 내 집 한 채 장만해서 여우 같은 아내, 토끼 같은 자식들과 알콩달콩 살고 싶은 맘이 굴뚝같았다. 하지만 현실은 졸업하자마자 학자금 대출을 갚아야 하는 마이너스 인생이며, 이 또한 한 번에 취직이 된다는 보장도 없다. 경제적·시간적 제약 등 여러 가지 상황 때문에 연애하기가 현실적으로 쉽지 않고, 더불어 결혼을 하기가 어려워진다. 결혼한다 해도 내 집 마련을 하려면 빚을 내야 하고 돈 때문에 출산도 맘 놓고 하기 힘들다. 게다가 점점 연로해지시는 부모님 노후도 책임져야 한다.

이런 답이 없는 상황에서 '인생은 한 번뿐이다', '뒷일은 생각하지 마라'는 욜로YOLO는 현세대에게 절묘하게 와닿는다. 동건 씨 또한 20대 젊은 날, 욜로족을 외치며 친구들과 먹고 마시고 여행 다니다 보니 마땅히 모아놓은 돈이 없다. 이렇게 뒷일의 생각 없이 소비하다 보니 월급 받으면 카드회사에 상납하기 바쁘다. 그나마 남은 돈으로 근근이 버티다 다음 월급날까지 손가락 빠는 세계를 경험할 지경에 이르렀다. 한 번 사는 인생 즐기고 보는 것도 좋지만, 돈 쓴 뒤를 대비하지 않으면 그 고통은 그대로 본인의 몫임을 절실히 깨달았다. 욜로를 즐기다 무일푼이 될 수도 있겠다는 생각에 동건 씨 정신이 바짝 차려진다.

부동산 재테크,
뭐가 좋을까?

동건 씨, 돈을 벌고 싶다. 더 정확히 말하면 번듯한 재테크를 해보고 싶다. 뭐가 좋을끼?

'주식?' 주식은 한 치 앞도 모르는 시장에서 과연 온전히 내 돈을 지킬 수 있을지 의문이다. 물론 주식이 오르면 좋지만 내리면 어쩌란 말인가? 주식 전문가도 아닌 마당에 막연히 투자하기엔 뭔가 불안하다.

그렇다면 '부동산'은 어떨까? 안정적이며 추후 큰 시세차익을 볼 수 있는 종목으로 부동산만 한 게 없는 것 같다. 그렇다면 부동산 중에서도 어떤 종목이 좋을까?

'아파트 갭 투자?' '분양권?' '상가?' '오피스텔?' '토지?'

동건 씨는 토지 분야가 맘에 든다. 솔직히 벼락부자가 된 사람들은 모두 땅의 급등한 시세차익으로 부를 축적한 사람들이다. 흙수저가 금수저가 되는 유일한 길은 토지만 한 게 없는 듯하다. 1,000억 원이 넘는 금액을 보상받은 개인 사례를 포함, 토지로 대박 난 평범한 사람들의 사례는 무척이나 많았다. 대구의 법무사, 일산에서 농사를 짓다 보상금으로 벼락부자가 된 사람, 폐염전을 갖고 있다가 부자가 된 사람 등 헤아릴 수 없을 정도로 많은 사람이 토지로 돈을 벌었다.

충청도 '팔우회'라는 초등학교 동창 모임. 이 모임은 특이하게도 회비를 모아 놀러 가는 것이 아닌 땅을 샀다. 그런데 회비가 많은 돈이 아니다 보니 아무도 쳐다보지 않는 자투리땅만 샀다. 그렇게 사 모으길 몇십 년, 그동안 사들인 땅만 해도 꽤 많은 땅이 모이게 됐다. 그중 한 땅이 우연히 국가의 수용에 의해 보상을 받게 되었다. 세상은 변하고 국가정책도 변하니 이곳저곳에 땅이 있다면 이런 일이 일어나는 일은 놀랍지 않다. 놀라운 일은 워낙 싼 가격에 산 땅이라 이 땅 하나의 값이 다른 땅들은 모두 커버하고도 남는다는 점이다. 즉, 이제 남은 땅은 모두 순이익이다.

많은 사람이 토지는 큰돈이 필요하고, 장기간 묶인다는 점을 부담스러워 하는데, 알아보니 적은 돈으로도 단기간에 투자할 수 있는 토지들이 있다는 점이 매력적이었다. 단순히 몇 푼돈을 버는 것보다 토지 재테크로 신분 상승해서 동건 씨도 '부자'라는 호칭을 듣고 싶어졌다.

왜 토지 투자를
해야 하는가?

토지 재테크로 적게는 몇천만 원부터 많게는 수백억 원의 시세차익을 누린 큰 부자들이 많다. 반면 주택과 상가로 큰 부자가 된 사람은 많지 않다. 물론 주택과 상가로도 약간의 수익을 얻었을지 모르나 토지에 비할 바가 아니다. 주택과 상가는 소규모 수익을 얻거나 안정적인 월세를 받는 것이 목적일 뿐, 부자가 돼서 더 좋은 건물을 사는 것이 아니다.

현재 우리나라는 저출산·고령화 국가다. 통계청이 발표한 '2016년 출생 통계'에 따르면 2016년 우리나라 합계 출산율은 1.17명으로 전년보다 0.07명 감소했다. 합계 출산율은 여성 1명이 평생 낳을 것으로 예상되는 평균 출생아 수다. 해마다 낮아지는 출산율은 전국 초등학교 학급당 평균 학생 수를 봐도 여실히 드러난다. 또한, 우리나라는 고령화 속도가 매우 빠르다. 국가 전체 인구의 7% 이상이 65세 이상일 때 고령화 사회, 14% 이상이면 고령 사회, 20% 이상을 초고령 사회라고 한다. 현재 우리나라는 경제협력개발기구 OECD 회원국 가운데 세계 유례없는 속도로 고령화 사회에 접어들며, 고령화 속도 1위라는 불명예를 안고 있다.

고령 노인 인구의 증가는 평균수명의 증가에 따른 것이니 축복할 일이다. 문제는, 노후가 제대로 준비돼 있지 않다는 점이다. 노인 가구의 상대적 빈곤율은 급격히 상승하고 있다. 2013년 기준 우리나라 65세 이상 노인 빈곤율은 약 50%로 경제협력개발기구 회원국 가운데 가장 높았다. 회원국 평균의 4배나 된다. 빈곤율이 여기에서 더 높아지지 않는다고 해도 경제적으로 어려움을 겪는 노인의 수는 앞으로 계속 불어나게 된다. 이처럼 저출산·고령화로 앞으로 인구가 급격히 줄어드는 상황에서 주거용·상업용 부동산이 급격히 올라갈 이유는 크지 않아 보인다. 다만 차별화는 있을 것이다. 외국인들이 강남의 주거용 부동산을 사주고 서울 역세권에 N포 세대가 필요로 하는 셰어하우스와 일부 상권이 확대되는 지역 말이다. 하지만 다른 부동산은 위험이 도사린다.

주택과 상가는 약점이 많은 부동산

주택과 상가는 정부의 정책이 시시때때로 급변하며 그에 따라 시장 상황이 냉탕과 온탕으로 민감하게 반응하는, 비교적 약점이 많은 부동산이다. 투기지역, 투기과열지역, 조정지역, 신DTI, DSR, 조정지역 내 다주택자 양도소득세 중과(2018년 4월 1일 이후) 등 문재인 정부는 주택 억제정책을 펴고 있다. 2013~2016년 아파트값이 상승하는 시기에 맞춰 밀어내기 분양을 서두른 건설사의 완공된 아파트가 2017~2018년에 쏟아지며 각 지역에서 입주 대란이 발생하고 있다. 입주 시기에 부동산 규제정책까지 맞물려 아파트 매매가·전세가가 동반 하락하며 거래절벽이 현실화되고 있어 지방은 집값이 내려가 아우성이다. 부동산을 사서 안정적으로 월세를 받고 값이 오르면 팔려고 생각하지만 그러지 못하고 공실이 발생해 잠 못 이루는 밤이 이어진다. 안정을 찾기 위해 구입한 부동산이 오히려 불면증을 유발하는 셈이다.

또한, 주택과 상가는 관리가 힘들다. 부동산 중개수수료, 전·월세 확인, 공실 유무, 주변 환경, 상권 변화 등 끊임없이 지켜봐야 할 것들이 많다. 이에 비해 토지는 관리가 편하다. 물론 토지를 사두고 그냥 지켜보기만 하면 되는 건 아니지만 주택·상가보다 훨씬 덜하다. 사실 토지는 거의 지켜볼 것이 없다. 불이 나도 나무만 탈 뿐 토지는 멀쩡하다.

부자의 기준

KB금융지주 연구소가 발간한 〈2017 한국부자보고서〉에 의하면 금융자산이 10억 원 이상인 사람을 부자로 꼽았는데, 지난해 24만 2,000명으로 최근 6년간 연평균 10%씩 늘고 있다. 이들이 소유한 금융자산 규모도 지난해 552조 원을 기록했는데, 한 명당 평균 금융자산은 22억 8,000만 원이다. 경기가 어렵다고 하지만, 이렇게 돈을 가진 사람들은 조금씩 증가하고 있고 그만큼 양극화가 심해진다고 볼 수 있다.

이러한 부자들이 가진 재산이 뭔가를 봤더니 부동산이 52.2%로 가장 많았다. 부자들은 평균 28억 6,000만 원의 부동산을 갖고 있어서 국내 전체 가계의 부동산 자산 평균인 2억 5,000만 원의 약 10배가 넘었다.

땅 부자들은
이렇게 투자한다

저성장 시대에 들어온 지금, 은행 이자는 더 이상 우리의 미래를 보장하지 못하고 주택 부동산 시장도 각종 규제로 침체되고 있다. 이러한 시대에 서민들이 소액으로 가장 안정적으로 투자할 수 있는 곳은 바로 '땅'이다. 은행에 저축하듯 전국의 싼 땅을 찾아 매달, 매년 땅을 사 가다 보면 정직한 땅은 반드시 효자로 돌아온다. 단 무조건 싼 땅을 사란 얘기가 아니다. 개발 호재가 있는 지역의 싼 땅을 사야 한다. 아파트는 가격이 이미 정해져 있어 2배 오르기란 매우 힘들다. 하지만 땅은 정해진 가격이 없어 10배, 100배도 상승할 수 있다. 맹지에 도로가 생겨 신분이 바뀌거나, 신도시로 편입되어 각종 호재가 빛을 발하거나, 정부의 각종 인프라 사업으로 땅이 수

용되면서 대박 사례가 속출하는 것이다. 그뿐만 아니라 땅은 어떻게 키워가느냐에 따라 얼마든지 좋은 땅으로 탈바꿈시킬 수 있다. 따라서 좋은 땅을 얼마나 싸게 사느냐가 관건이 된다.

위 사진은 1970년대 서울 강남구 압구정동의 모습이다. 현재는 강남의 금싸라기 땅 중 하나지만 당시만 해도 논밭으로 이뤄진 완전한 시골이다. 저 땅을 소유했던 사람이 장기간 땅을 소유했다면 두말할 것 없이 큰 부자가 되었을 것이다. 투자란 이런 것이다. 현재보다 나중에 더욱 가치 있을 곳에 돈을 묻어두는 것이다.

토지 투자,
나도 한번 해볼까?

일반 사람들이 토지를 접하고 '나도 한번 해볼까?'라는 생각을 하면서도 순간 망설이게 된다. 부동산 투자가 소위 '돈 있는 사람'들의 재테크 방식이라고 여기는 사람들이 많기에 섣불리 투자를 공부할 생각조차 하지 않는다. 하지만 이는 오해다. 부자니까 부동산 투자를 하는 게 아닌 부자가 아니니까 부동산 투자를 해서 부자가 되려는 것이다. 할 수 있다는 긍정적인 마인드로 토지 투자에 대한 자신감을 가져보도록 하자.

초보자들이 한순간에 토지 투자에 대한 오해를 풀길 바라는 것은 어려운 일이다. 무슨 말인지 잘 이해도 되지 않을뿐더러 이 책이 아니었다면 몰랐을 가능성이 크기도 하다. 하지만 이러한 오해들은 이제 막 당신이 토지 투자에 관심을 보이는 현상이기에 한편으로는 반가운 일이다. 이미 토지 고수인 사람들도 초보 시절에 이런 오해 안 해본 사람이 없기 때문이다.

직장인 김씨 : 토지에 투자하려면 목돈이 필요한 것 아닌가요?

사람들의 가장 많은 오해 중 한 가지인데요, 토지 투자는 목돈이 필요하다고 생각하는 점입니다. 물론 지역과 면적에 따라 목돈이 필요한 토지도 있지만, 소액으로 투자 가능한 토지도 얼마든지 있으니 소액이라고 망설이지 마세요. 개발 호재가 있는 지역에 제대로 소액 투자를 해놓으면 작은 고추가 맵듯 장래에 큰 수익으로 돌아올 것입니다. 하지만 싸다고 섣불리 투자한다는 생긱은 위험합니다. 우리는 투자자입니다. 싸게 사서 비싸게 팔아야 투자지, 싸게 사서 싼값에 팔 수밖에 없거나 팔리지 않는다면 애물단지나 다름없겠지요. 따라서 미래가치가 높은 지역의 제대로 된 땅을 찾아 소액 투자해놓는 전략이 필요합니다.

은퇴인 최씨 : 토지 투자, 기본 10년은 두고 봐야 하는 것 아니에요?

부동산에 대한 가장 많은 오해입니다. 자, 이렇게 생각해 보세요. 은행의 경우에도 적금은 오래 묵힐수록 이자율이 높습니다. 주식 역시 마찬가지입니다. 전망이 뚜렷한 투자를 했다면 오래 두고 볼수록 주가가 오르는 것은 똑같죠. 예를 들어 약 17여 년 전 SM 엔터테인먼트 주식이 단돈 1,000원이었던 시절이 있습니다. 그런데 지금은 얼마인가요? 40,000원대입니다. 17년여 동안 약 40배 이상의 성장을 한 것이지요. 그런가 하면, 어떤 주식은 단기간에 주가가 올라 치고 빠지는 투자를 해야 하는 경우도 있습니다. 토지 투자 역시 똑같습니다. 장기적인 관점에서 10년 이상 보며 기다려야 하는 토지가 있는 경우도 있고, 3~5년 만에 지가가 오르는 지역에 투자할 수도 있습니다. 기간보다 더 중요한 것은 바로 제대로 된 토지에 투자했느냐는 것이겠지요.

주부 박씨 : 농업인이 아니면 농지 구입을 못한다는데요?

맞습니다. 농지는 농업을 위해 지정된 토지이므로 농업인이 사는 것이 맞지요. 그래서 농지 구입 시에는 농취증이 필요합니다. 하지만 1,000㎡ 미만 면적을 구입한다면 농어촌 활성화를 위해 국가에서도 장려하는 사항이므로 법적으로 아무 문제없습니다. 이 면적은 주말 체험 영농

목적으로 취득할 수 있는데, 주말에 시골생활을 하며 텃밭의 개념으로 직접 채소를 심어 먹을 수 있도록 농민이 아니더라도 농지를 취득할 수 있도록 한 제도입니다. 주말체험영농이라 하더라도 농취증은 제출해야 하지만, 농업경영계획서를 제출하지 않아도 되어 농취증 발급이 수월합니다.

"저는 서울에 사는데, 전남에 농지를 사도 되나요? 너무 멀어서 관리를 못 할 것 같은데요"라고 질문하는 경우가 있는데, 괜찮습니다. 나라 정책적으로 이런 사람들을 위해 농지 위탁 운영을 하기도 하고, 원한다면 현지에서 농지를 운영해줄 사람이 나타나기도 합니다.

교수 임씨 : 토지 투자 그거, 세금폭탄 맞는 애물단지 아닌가요?

토지 부동산과 일반 주거용 부동산은 비슷한 듯 조금 다릅니다. 우선 일반 주거용 부동산은 인간의 가장 필수며 기본적인 의식주 중 하나에 해당하기 때문에 1주택자라면 실거주 목적으로 보고 세금 부과율이 낮습니다. 그러나 이외의 부동산은 그렇게 보지 않습니다. 토지의 경우 사업용 토지가 아닌 비사업용 토지로 보는 경우 양도소득세가 추가로 부과되기도 합니다. 특히 '재산세'에 대한 걱정을 많이 하시는데, 재산세의 경우 공시지가를 기준으로 부과되기 때문에 실거래가와 큰 차이가 있기 마련입니다. 간단하게 말해 부과되는 재산세가 임 교수님이 말씀하신 '폭탄'만큼 큰돈이 아닙니다. 아주 커다란 면적의 토지이거나 강남과 같은 공시지가가 아주 높은 땅을 소유한 것이 아니라면 말입니다. 부동산 투자도 다른 재테크 방식과 마찬가지로 큰 수익을 보기 위해서는 당연히 그에 맞는 세금을 내야 하는 법입니다. 세금에 대한 내용을 숙지해 절세하는 법만 잘 알고 있다면 세금 폭탄을 피할 수 있습니다.

어디에
투자하면 좋을까?

"어디에 투자하면 좋을까요?"

상담하며 가장 많이 받는 질문이다. 부동산 투자의 시작점은 누구든지 지역 선정일 것이다. 첫 단추를 잘못 끼우면 옷이 비틀어지듯, 지역 선정이 맞지 않는다면 투자는 성공하기가 어렵다. 그렇다면 지역 선택을 할 때 고려해야 할 점을 생각해보도록 하자.

1. 순수한 투자 목적으로 접근하라

때때로 투자 지역을 물색할 때 노후까지 대비해 고향이나 현재 거주하고 있는 인근 지역만을 선호하는 사람들이 있다. 당연히 이런 사람들은 시야가 좁아질 수밖에 없고, 좁아진 시야만큼 적은 수익을 낼 수밖에 없다. 투자 지역을 선택할 때는 다른 목적은 모두 배제하고 가장 수익률이 높은 지역을 선택해야만 한다. 그래야 투자 지역 물색에 걸리는 시간도 절약할 수 있고, 추후 수익도 달라진다.

2. 내 투자금에 맞는 지역을 물색하라

'A라는 지역이 요즘 핫하다던데, B라는 지역에 공항 발표가 되어 인구가 몰릴 것이라는데…'라는 뉴스를 보고 무조건 그 지역만 고집하는 사람들이 있다. 이렇게 사람들이 몰리는 지역은 이미 가격대가 평당 수십만 원을 넘는 경우는 다반사고, 100만 원 이상을 웃도는 경우도 많다. 당연히 투자 금액이 커져 개미 투자자들은 투자할 수 없어 토지 투자에 회의를 느끼게 된다. 소액 투자로 접근하려면 내 투자금에 맞는 지역을 선택해야 한다.

한 예로, 최근에 관심 밖에 있던 새만금 사업이 점점 가시화된다는 말에 투자자들이 몰리고 있다. 새만금은 군산, 김제, 부안 일대를 말하는 것으로 군산은 이미 지가가 많이 올라 있다. 김제는 농업을 기반으로 개발하는 것이기 때문에 주변에 영향력이 크지 않고, 아직 부안은 시세 대비 투자자들의 수익을 볼 수 있는 곳이다. 하지만 이마저도 새만금 관광단지 개발 바람이 불어 시세가 점점 올라

가고 있는 형국이다.

부안에서도 개발지 인근 지역은 3.3㎡(평)당 40~50만 원을 이미 넘어서고 있으며, 부안읍 주변으로도 시세가 높아지고 있다. 아직 개발이 이뤄지지 않았음에 더욱 탄력을 받을 것으로 보여 자금 여유가 되면 투자를 고려해봐야 하는 지역이다. 하지만 오른 지가에 개발지 인근이나 부안읍 주변의 가격이 부담스러울 수 있다. 이런 경우 거리가 멀어져도 배후지역이나 개발 여파를 받을 수 있는 지역에 중·장기로 투자한다면 효율적인 투자처가 되지 않을까 싶다.

3. 투자 기간을 정해라

모든 이가 단기간에 수익을 보면 좋겠지만 토지는 단계별로 지가가 상승한다. 개발계획, 착공, 완공의 3가지 단계로 변화됨으로써 지가가 자연스레 상승하는 것이다. 따라서 여기서 필요한 것은 시간이다. 개발 규모에 따라 다르지만, 개발 발표가 나고 실질적으로 착공이 이뤄지기까지 짧게는 3년 길게는 10년 이상 걸린다.

투자자들은 해당 지역 상황이 어느 시점인지 파악해 예상 기간을 산정하는 것이 중요하다. 기간을 예상하고 투자해야 효율적인 투자가 될 수 있기 때문이다. 계획단계의 지역은 지가는 저렴하지만, 농촌과 별반 다를 바가 없어 지역을 방문한 초보 투자자들은 정말 개발이 이뤄지는지 의심을 갖기도 하는 시기다. 착공이 이뤄진 시점에서는 좋아 보이지만, 기존에 비해 가격대가 많이 올라 있어 망설여질 수 있는 시기다. 또한, 단계별로 투자금과 투자 기간이 다를 수 있으므로 고민이 많을 것이다. 따라서 단기 투자를 노린다면 예산편성 여부를 살펴보는 것이 중요하다. 기획은 있지만, 예산이 편성되지 않았다면 기약 없이 지지부진할 수 있고, 예산이 편성되었다면 곧 착공을 뜻한다. 이런 경우 빠르게 가서 투자한다면 단기간에 많은 수익을 올릴 수 있다. 그러므로 완공이 확실한 국책 사업 등은 완공 시점과 공사 기간을 잘 파악해 성공적인 단기 투자를 이뤄보자.

투자자의 자세가
돈을 벌어준다

대출을 한 번도 받아 보지 않은 사람은 주택을 담보로 잡는 대출
이나 신용대출을 상당히 꺼린다. '빚'이란 단어에 거부감이 많은 탓
이거나 빚을 지면 큰일 난다는 부모님의 가르침 때문일 수도 있다.
하지만 성공적인 부동산 투자자는 대출을 잘 활용한다. 부동산 투
자자에게 대출은 아주 소중한 존재로, 어떻게든 빚을 더 얻으려고
한다. 일반 사람들과 정반대다. 부동산 투자자들은 대출을 최대한
많이 받는 방법, 이자를 최대한 낮추는 방법, 거치기간이자만 내고 원금
을 갚지 않는 기간을 최대한 길게 잡는 방법 등을 이리저리 알아보러 다
닌다.

대출은 투자자의 관점에서 단순한 빚이 아닌 '지렛대레버리지'다. 큰 물건을 들어 올리기 위해 내가 가진 힘 이외의 도움을 받는 것이다. 지렛대가 없다면 자기 힘보다 무거운 바위는 들 수 없다. 하지만 지렛대를 잘 이용하면 가진 힘만으로도 바위를 들어 올릴 수 있다. 예를 들어, 1억 원짜리 토지가 있다고 보자. 현재 2,000만 원만 있는 국주 씨는 땅을 살 수 없다고 한탄했다. 하지만 태희 씨는 8,000만 원을 대출받아 자기 돈 2,000만 원을 합해 1억 원의 토지를 구입했다. 5년 후 이 토지의 가격이 3억 원이 되었다. 태희 씨는 5년 동안 납부한 이자 1,600만 원(4% 이율로 계산)을 제하고도 앉아서 순수하게 1억 8,400만 원을 벌었다. 이처럼 현재 자금이 없다고 한탄하기보다 어떻게 하면 자금을 운용할 수 있을지 먼저 고민해보기 바란다.

이것이 바로 투자자의 자세다. 단 제대로 된 토지에 투자한다는 전제다. 시간이 지나도 오르지 않는 땅에 무리하게 대출받아 투자했다가는 이자만 손해 보고 있는 격이니 조심해야 한다. 그러므로 투자 전에 전문가의 자문을 구하면 좋다.

초보자,
이런 땅은 신중하자

"어떤 땅이 돈이 돼요?"

세미나 도중 한 회원의 질문이다. 사실 돈 되는 땅과 돈 되지 않는 땅을 딱 잘라 말하기는 모순이지만, 토지 투자에서 성공하려면 곧 돈이 되는 땅, 성공 확률이 높은 땅을 봐야 하는 것은 당연지사다. 돈 되는 땅을 모르겠다면 반대로 돈 안 되는 땅을 알아두면 리스크를 피하는 데 도움이 된다. 실패를 알면 실패하지 않는 것처럼 말이다. 돈이 되지 않는 땅, 즉 활용도가 떨어지는 토지 몇 가지를 살펴보자.

1. 규제가 많은 토지

규제가 많은 토지가 그만큼 활용성이 떨어지는 것은 당연한 일이다. 활용성이 떨어지는 땅은 당연히 수요자가 없고, 환금성이 떨어지니 투자에 적합하지 않다. 예를 들면 그린벨트개발제한구역 토지, 보전녹지지역, 자연환경보전지역 토지 등 개발이 제한된 토지는 가격이 저렴하고 토지 가치 상승을 기대하기가 어렵다.

2. 이미 지가가 오를 대로 오른 노른자 토지

"입지가 이렇게나 좋은데, 투자하지 말라니요?"

토지 투자에서 중요한 것은 입지뿐이 아니다. 입지가 좋은 노른자 토지는 누구나 눈독을 들이기 마련, 이런 토지들은 이미 수백에서 수천만 원의 지가를 형성한 경우가 많다. 만약 내가 투자금이 충분해 투자했더라도, 이미 오를 대로 오른 토지에 투자할 만한 사람이 몇 명이나 될지를 생각해봐야 한다. 누군가 나보다 비싼 가격으로 사줘야 팔고 나올 수 있는 법, 아무리 입지가 좋아도 그 가격에 살 사람이 나타나지 않는다면 울며 겨자 먹기로 보유하고 있을 수밖에 없다. 우리는 이미 오른 곳을 보는 것이 아니라 지금은 저렴한 곳이지만 추후 지가가 오를 투자성이 높은 토지를 선점해야 한다.

3. 입지가 불분명한 토지

여러 가지로 해석할 수 있다. 먼저 주변에 이렇다 할 개발 호재가 없는 지역, 역사나 고속도로가 없는 지역, 인구가 줄어드는 지역 등이다. 토지 주변에 호재가 없으면 가격이 상승하는 데 한계가 있다. 주변 경관이 좋으면 어느 정도 찾는 이가 있어 지가가 상승하는 경우도 있지만, 이 또한 어느 선 이상은 상승하지 않음에 유의하자.

여기서
잠깐!

역사나 고속도로, 위성도시에서 거점도시까지 연결이 되는 지역인지 혹은 그저 지나가는 지역인지가 중요한 투자 포인트다. 그저 지나가는 지역일 경우 인구 증가에 한계점이 있어 크게 지가 상승을 기대하기 어렵다.

4. 혐오시설이 있는 토지

혐오시설이라는 이야기는 많이 들어봤을 것이다. 주변에 국립묘지나 대규모 축사, 고압선 철탑이 많이 분포되어 있는 토지는 지가 상승을 기대하기 어렵다. 이런 토지 주변에는 제한이 많기 때문에 큰 개발이 들어오기 어렵다. 이러한 지역 주변 토지는 되도록 피하는 것이 좋다.

여기서
잠깐!

대규모 혐오시설이 아닌 소규모 혐오시설이 있을 경우, 지역 개발이 들어오면서 축사나 묘지 등을 이전하는 경우도 있다. 투자하려는 토지 주변에 소규모 축사 등은 이전될 수도 있고, 토지이용규제를 살펴 '가축사육제한구역'이라면 해당 지역이 주거화된다는 뜻이므로 해당 축사가 이전 및 없어지게 될 가능성이 크니 투자해볼 만하다.

• **Part 2** •

좌충우돌,
쉽게만 보였던
생초보 내 집짓기

태희 씨,
멋진 전원생활을 꿈꾸다

초록빛 잔디가 깔린 마당에서 해맑게 웃으며 뛰노는 아이들을 보고 있노라니 태희 씨 마음이 복잡하다. 아파트에 살면서 아이들의 발걸음 소리가 조금만 커져도 금세 시끄럽다며 아래층에서 올라오는 통에 태희 씨는 아이들에게 항상 뛰지 말란 소리를 잔소리처럼 해댔다. 한창 커가는 아이들의 뛰고 싶은 마음은 이해하지만 하루가 멀다 하고 뉴스에서 들려오는 층간소음 사건이 남의 얘기만은 아닌 듯해 무섭다.

오늘 태희 씨 가족은 전원주택에 사는 선배네 집에 다녀오는 길이다. 집으로 돌아와 사랑하는 남편도 아이들도 모두 깊이 잠이 들었지만, 태희 씨는 쉽게 잠을 이루지 못한다.

"엄마, 우리도 전원주택으로 이사 가면 안 돼?"
"여보, 우리도 집 팔고 전원주택으로 이사 가자."

돌아오는 차 안에서 들은 아이들과 남편의 말이 계속 귀가를 맴돌고 있기 때문이다.

'아이들도 남편도 가고 싶어 하는데, 어떻게 하지….'

태희 씨는 쉽게 결정하지 못하고 있었다. 그렇게 밤새 태희 씨는 밤을 하얗게 지새웠다.

'전원주택 지으려면 어디에 땅을 사면 좋을까? 건축비는 얼마나 들지?'

모르는 것이 투성인 태희 씨는 답답함을 느꼈다. 어떻게 해야 좋은 땅을 고를 수 있는지부터 막막했다. 땅의 시세는 천차만별, 아파트처럼 유사 비교 사례가 없으니 이 값이 싼 건지, 비싼 건지 감조차 잡히지 않았다. 이리저리 인터넷 검색을 하다 우연히 마음에 와 닿는 온라인 카페를 발견하게 되었다. 카페 글을 읽다 보니 이제껏

찾던 곳이 바로 이곳임을 느꼈다. 실전 전문가가 태희 씨가 모르던 것, 궁금한 것 등을 알기 쉽게 설명해주니 이해가 빨랐다. 그러고 보니 여기 전문가님들은 젊은 층이었다. 토지는 연세 지긋한 분들의 영역인 줄 알았는데 비슷한 연령대의 전문가가 조언을 해주니 생동감이 있어 더 피부에 와닿아 태희 씨도 할 수 있다는 자신감이 들었다. 카페를 통해 공부를 많이 한 태희 씨는 노트에 적어 내려갔다.

1. 전원주택지 선정방법

'어디로 갈까? 음… 어디로 가지? 선배가 있는 양평으로 가는 것이 좋겠다. 심심하지도 않고, 주변에 경치가 좋으니까. 서울도 비교적 가깝고, 나중에 아이들이 대학생 되었을 때도 기차나 전철 타고 가면 된다고 했었지. 그리고 전철이나 기차가 있는 곳하고 도로가 좋은 곳으로 하라고 했었지.'

2. 좋은 땅 사는 법

'너무 큰 땅은 피하라고 했고, 시내에서 너무 먼 곳도 피하라고 했고, 주변에 집이 없는 땅도 피하라고 했지.'

'반드시 도로가 접해 있는 땅을 사라고 했고, 반드시 채권 채무 관계가 있는지 등기부등본을 확인하라고 했고, 도로 폭이 좁으면 내가 사는 땅도 일부 후퇴해서 못쓴다고 했지.'

'진입로가 좁은 땅도 피하라고 했고, 하수도가 나갈 수 없거나 배관이 없으면 건축 허가 안 날 수 있다고 했고, 경사가 심한 산도 피하라고 했지.'

'주변에 전기가 들어올 수 있는지 보라고 했고, 전망이 좋으면서 남향인 땅 사라고 했고, 남향일 경우는 남북으로 긴 땅보다는 동서로 긴 땅을 사라고 했지. 동서로 긴 땅일수록 방이든 거실이든 모두 전망도 좋고 햇볕도 잘 든다고 했으니까.'

'그리고 간혹가다가 지하수를 파도 물 안 나오는 땅이 있으니, 계약 전에 지하수 파시는 분한테 사전에 물어보라고 했고, 바로 옆에 집이 이미 있으면 상대편 집이 내 땅을 넘어온 경우도 많으니, 반드시 계약 전에 토지주에게 확인해달라고 하고 경계측량하라고 했었지.'

'경사가 심한 땅은 가격이 싸도 토목공사비가 더 들어가니까 사지 말라고 했고, 서류상 인허가에 문제없는 땅이고 조건이 좋은데 한

군데도 집이 지어지지 않았다면 의심해보라고 했지.'

'아, 맞다! 도로가 누구 명의인지 확인하라고 했지, 표면상 도로 같지만 도로가 아닌 경우도 있다고 했어. 나중에 사용승인 안 해주면 허가를 낼 수 없어 집을 지을 수 없다고 했지.'

'그리고 도로 폭이 4m 미만인 경우에도 허가가 힘들다고 했었고, 정화조에서 배출되는 물이 나갈 도랑이나 하수구가 없다면 인허가에 문제가 있으니 이 부분도 관할청에 확인하라고 했었지.'

'따져봐야 할 게 이렇게 많구나. 역시 전문가에게 물어보길 잘했어. 나 혼자 끙끙 헤맸으면 큰일 날 뻔했네. 참, 같은 가격의 땅이라도 건물을 지을 수 있는지 다르다고 했는데, 용도… 뭐라고 말했는데 까먹었네….'

내 땅을
내 맘대로 할 수 없다

내 소유 토지가 있다. 이곳에 넓게, 높게 건물을 짓고 싶다. 내 땅이니 내 마음대로 짓는다는데, 누가 뭐라 할 것인가. 민주주의 국가에서 내 땅을 내 맘대로 한다는데…. 하지만 내 땅이어도 내 맘대로 할 수 없다. 국가에서 지정한 목적 테두리 안에서만 이용할 수 있다. 민주주의 국가에서 그게 무슨 말이냐고? 법이 그렇다.

대한민국헌법 제23조2항 재산권의 행사는 공공복리에 적합하도록 해야 한다.

법은 크게 공법公法과 사법私法으로 나눌 수 있다. 공법은 개인과 국가 간 또는 국가 기관 간의 공적인 생활 관계를 규율하는 법이며 사법은 사람의 사적인 생활영역을 규율한다.

공법은 당사자의 자유로운 의사에 의한 법질서 형성보다 국가의 공권력이 강하게 작용한다. 다수의 이익을 침해하는 개인의 자유를 공권력으로 저지하는 것이 공법이다. 흔히 남자가 군대에 가야 하는 이유도 국가 전체의 이익을 위해 「병역법」의 공법에서 규정해놓았기 때문이다. 부동산도 마찬가지다. 국가는 전체 국토를 효율적으로 계획하고 개발해 효용을 증진시켜 다수에게 이익이 되도록 하기 위해 해당 토지에 규제를 해놓았다. 부동산 분야의 공법은 「국토의계획및이용에관한법률」, 「건축법」, 「산지관리법」, 「농지법」, 「도시개발법」, 「공익사업을위한토지등의취득에관한법률」 등 세부 법률이 다양하다.

토지의 기본, 용도지역을 파악하자

소유자가 갑, 을, 병인 3필지의 토지가 있다.

갑 : 주택　　　　을 : 공장　　　　병 : 벼농사

만약 부동산 공법의 규제가 없다면 각 소유자들은 자기 땅에서 하고 싶은 행위를 맘껏 할 것이다. 자유민주주의 국가이니 말이다. 갑은 자기 땅에 예쁜 주택을 지었다. 을은 공장을 짓고 병은 벼농사를 하고 있다. 모두 자기 소유인 땅에서 자신이 하고 싶은 행위를 하고 있다. 하지만 결과는 어떨까? 을의 공장에서 뿜어대는 매연으로 갑이 아우성이다. 맑은 공기를 꿈꾸며 주택을 지었건만 맑은 공기는 커녕 쾌쾌한 매연으로 인해 건강이 더 나빠질 정도다. 병의 벼농사도 마찬가지다. 공장에서 뿜어대는 매연과 폐수로 토양이 오염돼 벼농사를 망쳤다. 이처럼 피해를 본 갑과 병이 을에게 항의하는 통에 을도 제대로 공장을 가동하지 못해 손해를 보고 있다.

이렇듯 자신의 토지에 원하는 행위를 했는데 결과적으로 셋 모두 피해를 입었다. 따라서 국가는 이런 현상을 방지하기 위해 미리 용도별로 토지를 구분해서 다수의 이익을 도모한다. 즉, 주택을 짓고 싶은 사람은 주거지역으로, 공장을 짓고 싶은 사람은 공업지역, 농사를 짓고 싶은 사람은 농림지역으로 가라는 말이다. 그러면 같은 목적을 원하는 사람끼리 모여 있으니 피해를 주지 않고 목적을 이룰 수 있다. 이것이 부동산 공법인 '용도지역'이다. 개인의 땅이라 할지라도 다수의 이익을 위해 국가가 이미 허용 가능한 행위별로 토지를 구분해놓았다. 따라서 내 땅이 주거지역이라면 공장을 지을 수 없다. 공장을 지으려면 공업지역 땅을 사야 한다.

필지

필지란 지번이 부여된 하나의 토지를 말한다. 따라서 각각 필지마다 소유자, 소재지, 면적, 지목 등이 다르다. 어느 일정 규모 이상의 토지를 필지라고 부르는 것이 아닌 1지번이 부여된 토지가 1필지이므로 1필지가 0.5평인 땅도 있고, 1필지가 20만 평인 땅도 있다. 해당 지번의 필지 면적은 토지대장 또는 토지등기부등본을 통해 확인한다.

각각의 필지는 일정 요건을 갖추면 합해 하나의 지번을 부여받는 '합필'을 할 수도, 나누어 각각의 지번을 부여받는 '분필'을 할 수도 있다.

목적에 따라
땅이 구분돼 있다

용도지역은 도시지역(주거지역, 상업지역, 공업지역, 녹지지역), 관리지역(보전관리지역, 생산관리지역, 계획관리지역), 농림지역, 자연환경보전지역 등의 4가지로 나뉜다. 보통 앞 글자를 따서 '도관농자', 도시지역은 세분해서 '주상공녹'이라고 외운다. 이처럼 땅을 쓰임새와 가치에 따라 4가지 용도지역으로 구분해놓은 법이 바로 「국토의계획및이용에관한법률」이다.

이 법에 따르면 도시지역 중 주거지역은 전용주거지역(1~2종), 일반주거지역(1~3종), 준주거지역으로 다시 나뉜다. 전용주거지역은 다세대, 다가구 등 저층 주택만이 들어설 수 있는 땅을 말한다. 일

:: 용도 지역의 세분 ::

용도 지역	법에 의한 용도지역	시행령에 의한 용도지역		구체적 내용
도시 지역	주거지역	전용 주거 지역	제1종전용 주거지역	단독주택중심의 양호한 주거환경을 보호하기 위해 필요한 지역
			제2종전용 주거지역	공동주택중심의 양호한 주거환경을 보호하기 위해 필요한 지역
		일반 주거 지역	제1종 주거지역	저층주택중심의 편리한 주거환경을 보호하기 위해 필요한 지역
			제2종 주거지역	중층주택중심의 편리한 주거환경을 보호하기 위해 필요한 지역
			제3종 주거지역	중·고층주택중심의 편리한 주거환경을 보호하기 위해 필요한 지역
		준주거지역		주거기능위주, 이를 지원하는 일부 상업 및 업무기능을 보완하기 위해 필요한 지역
	상업지역	중심상업지역		도심, 부도심의 상업기능 및 업무기능의 확충을 위해 필요한 지역
		일반상업지역		일반적인 상업기능 및 업무기능의 확충을 위해 필요한 지역
		유통상업지역		도시 내 지역 간 유통기능의 증진을 위해 필요한 지역
		근린상업지역		근린지역에서의 일용품 및 서비스의 공급을 위해 필요한 지역
	공업지역	전용공업지역		주로 중화학공법, 공해성공업 등을 수용하기 위해 필요한 지역
		일반공업지역		환경을 저해하지 않는 공업의 배치를 위해 필요한 지역
		준공업지역		경공업 그밖의 공업을 수용하되, 주거, 상업 및 업무기능의 보완이 필요한 지역
	녹지지역	보전녹지지역		도시의 자연환경, 경관, 산림 및 녹지공간을 보전할 필요가 있는 지역
		생산녹지지역		주로 농업적 생산을 위해 개발을 유보할 필요가 있는 지역
		자연녹지지역		도시의 녹지공간의 확보, 도시확산 방지, 장래 도시용지의 공급 등을 위해 보전할 필요가 있는 지역으로서 불가피한 경우에 한해 제한적인 개발이 허용되는 지역
관리 지역	보전관리지역			자연환경보호, 산림보호, 수질오염방지, 녹지공간 확보 및 생태계 보전 등을 위해 보전이 필요하나 주변의 용도 지역과의 관계 등을 고려할 때 자연환경보전 지역으로 지정해 관리하기가 곤란한 지
	생산관리지역			농업, 임업, 어업 생산 등을 위해 관리가 필요하나 주변의 용도지역과의 관계 등을 고려할 때 농림지역으로 지정해 관리하기가 곤란한 지역
	계획관리지역			도시지역으로의 편입이 예상되는 지역 또는 자연환경을 고려해 제한적인 이용, 개발을 하려는 지역으로서 계획적·체계적인 관리가 필요한 지역
농림 지역	농업의 진흥과 산림의 보전, 육성에 필요한 조사와 대책을 마련해야 하는 지역			
자연환 경보전 지역	환경오염방지, 수질, 수자원, 해안, 생태계 및 문화재의 보전과 수산자원의 보호육성을 위해 필요한 조사와 대책을 마련해야 하는 지역			

반주거지역은 편리한 주거환경을 조성하기 위해 지정된 땅으로 아파트가 주로 들어선다. 준주거지역은 주거 기능을 주로 하되, 상업적 기능의 보완이 필요한 경우에 지정된다.

상업지역은 중심상업, 일반상업, 근린상업, 유통상업지역 등으로, 공업지역은 전용공업, 일반공업, 준공업지역 등으로 구분된다. 녹지지역은 보전녹지, 생산녹지, 자연녹지지역 등으로 분류되는데, 특히 자연녹지지역에서는 개발이 제한적으로 허용돼 땅값이 상대적으로 비싼 편이다.

주로 주거, 상업, 업무 등으로 사용되는 도시지역과는 달리 관리지역은 농업생산, 녹지보전 등의 목적으로 지정된 땅을 말한다. 이 관리지역은 현재 지자체별로 계획관리, 생산관리, 보전관리 등으로 구분된다.

용도지역 중 '도시지역' 구분

용도지구·구역이란?

땅에는 '용도지역' 외에도 '용도지구', '용도구역'이 있다. 기본적으로는 용도지역상에 용도지구나 용도구역이 중첩돼 지정되는 게 일반적이다.

'용도지구'란 용도지역 지정을 보완하는 성격이 짙다. 즉 건축물의 용도, 건폐율, 용적률, 높이 등과 관련된 용도지역의 제한을 추가로 강화하거나 완화할 필요가 있을 때 용도지구를 추가로 지정한다. 주로 용도지역의 미관, 경관, 안전 등을 강화할 필요가 있을 때 별도로 용도지구를 추가 지정한다. 용도지구의 종류로는 경관지구, 미관지구, 고도지구, 방화지구, 방재지구, 보존지구, 시설보호지구, 취락지구, 개발진흥지구, 특정용도제한지구 등이 있다.

'용도구역'은 특히 이용규제에 초점을 맞춰 용도지역의 지정을 보완한다. 구체적으로는 무질서한 시가지 확산 방지, 계획적인 토지이용, 토지이용의 종합적 관리 등을 위해 정해놓은 지역을 말한다. 용도구역은 시가화조정구역, 개발제한구역그린벨트, 수산자원보호구역, 도시자연공원구역, 입지규제최소구역 등으로 구분된다.

일반적으로 용도지역과 용도지구가 토지이용에 초점을 맞추고 있다면, 용도구역은 토지규제에 초점이 맞춰져 있다(입지규제최소구역, 재개발 구역 등은 예외). 용도지역과 용도지구는 도시지역 내에 지정되는 경우가 많은 데 비해 용도구역은 도시 주변에 지정될 가능성이 크다. 용도지구·구역의 구체적인 내용은 대부분 각 지방자치 단체의 조례에서 규정하게 된다.

이처럼 용도지역, 용도지구, 용도구역은 다양한 용어들이 등장하지만, 꼭 다 외울 필요는 없다. 처음에는 용도지역의 '도관농자', '주상공녹' 정도만 외우고 있어도 충분하다.

초보자가 투자하기에는 리스크가 많은 용도지역(그린벨트, 보전관리, 보전녹지, 농림지역, 자연환경보전) 토지보다는 자연녹지, 계획관리지역 등 활용성이 높은 토지를 찾아보는 것이 좋다.

땅을 샀는데
건축면적이 안 나온다?

전원주택을 꿈꾸며 양평에 50평의 땅을 산 4명의 친구 동건, 소영, 지훈, 태희가 있다. 하지만 결과를 놓고 보면 참 놀라운 사실을 알 수 있다.

1. 동건은 50평의 땅에 30평의 건물을 지을 수 있다.

2. 소영은 50평의 땅에 20평의 건물을 지을 수 있다.

3. 지훈은 50평의 땅에 10평의 건물을 지을 수 있다.

4. 태희는 건물을 전혀 지을 수가 없다.

어떤 차이일까?

땅의 면적도 같고 똑같은 돈을 주고 산 땅이다. 그런데 각각 지을 수 있는 면적도 틀리고 태희는 아예 집을 지을 수가 없는 땅이다. 이 차이는 바로 토지가 가지고 있는 특성에 있다. 앞서 말했듯 용도지역에 따라 건축 가능한 건물의 유무가 다르다고 했다. 이렇듯 용도지역은 건축물의 종류를 규제함과 더불어 규모도 규제한다. 즉, 크기를 어느 정도까지 지을 수 있는지 미리 규제해놓은 것이다.

토지를 볼 때 가장 먼저 '토지이용계획확인원'을 발급해봐야 한다. 그래야 해당 필지가 어떤 공법의 적용을 받고 있는지 알 수 있기 때문이다. 토지의 용도는 토지이용규제정보서비스(루리스 http://luris.molit.go.kr)에서 쉽게 확인이 가능하다. 이 서류에서 가장 중요한 것은 아래의 빨간 박스를 그려 넣은 지역·지구를 잘 봐야 한다. 이 부분이 집을 짓는 데 가장 중요한 역할을 하게 되기 때문이다. 위에서 설명한 4명의 예를 보자.

1. 동건은 50평의 땅에 30평의 건물을 지을 수 있다

→ 동건은 국계법「국토의계획및이용에관한법률」의 줄임말에 따른 지역·지구라는 부분에 '주거지역(제2종일반주거지역)'인 땅을 매입했다. 주거지역은 건폐율땅을 지을 수 있는 법적 허용면적이 대지 면적의 60%까지 집을 지어도 되는 땅이다.

2. 소영은 50평의 땅에 20평의 건물을 지을 수 있다

→ 소영은 지역·지구 중 '계획관리지역'이라고 명시된 땅을 매입했다. 계획관리지역은 대지 면적의 40%까지 집을 지어도 되는 땅이다.

3. 지훈은 50평의 땅에 10평의 건물을 지을 수 있다

→ 지훈은 지역·지구 중 '자연녹지지역'이라고 명시된 땅을 매입했다. 자연녹지지역은 대지 면적의 20%까지 집을 지어도 되는 땅이다.

4. 태희는 건물을 전혀 지을 수가 없다.

→ 태희는 지역·지구 중 '농림지역의 농업진흥구역'이라고 명시된 땅을 매입했다. 농림지역 중 농업진흥구역은 농업이나 어업에 종사하는 사람만 지을 수 있는 땅이라 태희는 집을 지을 수 없다.

이처럼 용도지역에 따라 허용 가능한 건폐율과 용적률이 법으로 규정되어 있다. 건폐율·용적률은 조례에 따라 약간 차이가 있을 수 있으니 반드시 최종 점검은 지자체 조례까지 확인하는 습관을 들여야 한다.

:: 용도지역별 건폐율·용적률 ::
조례에 따라 상향 또는 하향될 수 있으니 반드시 조례까지 확인이 필요하다

용도지역 등			건폐율(%)	용적률(%)
도시지역	주거지역	제1종전용주거지역	50	50~100
		제2종전용주거지역	50	100~150
		제1종일반주거지역	60	100~200
		제2종일반주거지역	60	150~250
		제3종일반주거지역	50	200~300
		준주거지역	70	200~500
	상업지역	중심상업지역	90	400~1500
		일반상업지역	80	300~1300
		근린상업지역	70	200~900
		유통상업지역	80	200~1100
	공업지역	전용공업지역	70	150~300
		일반공업지연	70	200~350
		준공업지역	70	200~400
	녹지지역	보전녹지지역	20	50~80
		생산녹지지역	20	50~100
		자연녹지지역	20	50~100
관리지역		보전관리지역	20	50~80
		생산관리지역	20	50~80
		계획관리지역	40	50~100
농림지역			20	50~80
자연환경보전지역			20	50~80

지목이 뭐지?

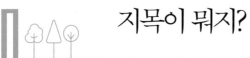

28 지목

지목	부호	순번	지목	부호	순번
전	전	01	철도용지	철	15
답	답	02	제방	제	16
과수원	과	03	하천	천	17
목장용지	목	04	구거	구	18
임야	임	05	유지	유	19
광천지	광	06	양어장	양	20
염전	염	07	수도용지	수	21
대	대	08	공원	공	22
공장용지	장	09	체육용지	체	23
학교용지	학	10	유원지	원	24

주차장	차	11	종교용지	종	25
주유소용지	주	12	사적지	사	26
창고용지	창	13	묘지	묘	27
도로	도	14	잡종지	잡	28

지목은 토지의 주된 용도에 따라 토지의 종류를 구분해 지적공부에 등록한 것을 말한다. 해당 토지의 지목이 '전'이면 밭이고, '답'이면 논이란 뜻이다. 「공간정보의구축및관리등에관한법률」에서 지목을 28가지로 정하고 있다. 지목의 앞머리 글자를 따서 부호로 적는데 주차장(차), 공장용지(장), 하천(천), 유원지(원)는 2음절이 부호로 표시됨을 기억하자(차장천원).

이 28가지의 지목을 모두 외워야 할 필요는 없고, 주로 우리가 많이 접하는 지목인 농지(전, 답, 과수원)와 임야, 대, 도로, 창고용지 정도는 알아두는 것이 좋다. 참고로 지목이 '답(논)'인 토지는 물을 상시로 이용하는 토지로, 주변 토지보다 낮은 경우가 많다. 이에 반해 '전(밭)'은 물을 상시로 이용하지 않아 주변 토지와 지고가 비슷해 보통 투자자들은 답보다는 전을 선호하는 경우가 많다. 행여 지목이 '묘'인 토지라도 실제 묘가 없으면 나대지와 같으니 지목변경을 통해 성형할 수 있다.

보통 초보자들은 지목이 '대'인 땅을 좋아하며, 지목을 중요하게 여기는 분들이 있는데 꼭 그럴 필요는 없다. 지목이 '전'이면 현재 밭으로 쓰고 있다는 말이지, 이를 밭으로만 써야 한다는 말은 아니다. 현재 밭으로 쓰고 있어도 건축 허가를 받아 건축을 하고 형질변경을 통해 '전'을 '대'로 바꾸면 된다.

여기서 잠깐! 어떠한 토지도 형질변경을 통해 지목변경이 가능하니 투자 시 지목에 크게 연연할 필요는 없다.

용도지역 vs 지목

지목은 가장 기초적인 땅의 분류방법이라고 볼 수 있다. 그런데 용도지역과 지목의 차이점은 뭘까?

우선 지목은 현재 토지의 쓰임새를 나타내는 성격이 강하다. 또한, 지목은 땅 주인의 뜻에 따라 특별한 사정이 없으면 변경이 가능하다. 예컨대 '임야'를 소유하고 있는 사람이 지자체의 허가를 받으면 '대'로 바꿀 수 있다.

반면 정책적 필요에 따라 지정된 용도지역은 행정 당국의 제한 내용을 나타낸다는 점에서 지목과는 큰 차이가 있다. 용도지역은 각지자체에서 바꿔주는 것이기 때문에 개인이 바꿀 수 없다. 따라서 용도지역은 지목보다 훨씬 중요한 것으로 이에 따라 건축행위가 크게 달라지므로 땅을 살 때는 용도지역을 반드시 확인해 처음부터 좋은 용도의 토지를 사야 한다. 땅값은 그 쓰임새에 따라 결정되는 경향이 짙어 쓰임새가 많은 땅이 그만큼 값어치도 올라가는 법이다. 땅의 쓰임새란 지을 수 있는 건물의 종류, 건폐율, 용적률 등에 따라 결정된다. 예컨대 용도지역상 도시지역은 관리지역보다 건폐율과 용적률이 많이 주어져 건물을 보다 높이 지을 수 있어 땅값이 더 비싼 편이다. 같은 용도지역 안에서도 세부 분류에 따라 땅값의 차이가 난다. 일반적으로 아파트 건축이 가능한 도시지역 내 일반주거지역 땅은 저층 주택만 들어설 수 있는 전용주거지역 땅값보다 비싸다.

지목이 '대'라면
바로 건축이 될까?

Q1 : 지목이 '대'인 토지만 건축할 수 있을까?

답 : ×

지목이 '대'가 아닌 토지라도 건축 허가(또는 신고)를 통해 주택을 지은 후 형질변경을 통해 지목을 '대'로 바꾸면 된다. 따라서 지목보다는 토지의 용도지역이 뭔지, 건축이 가능한 지가 더 중요하다.

Q2 : 지목이 '대'인 토지는 바로 건축할 수 있을까?

답 : ×

2000년대 건축법의 개정으로 지목이 '대'라고 무조건 건축이 가능한 것은 아니다. 지목이 '대'로 되어 있지만 현 건축법에 맞지 않아 신축이 안 되는 곳도 많다.

건축의 기본, 건폐율·용적률

건폐율이란 대지 면적에 대한 건축면적의 비율을 말하며, 용적률은 대지 면적에 대한 건축면적 합(연면적)의 비율을 말한다. 대지면적 100평인 필지가 건폐율 50%, 용적률 150%라면 건축면적을 50평까지, 연면적을 150평까지 지을 수 있다는 뜻이다. 예를 들어 건축면적을 50평으로 지상 3층으로 지을 수도 있고, 건축면적을 25평으로 지상 6층으로 지을 수도 있다. 참고로 지하층은 연면적에는 포함되지만, 용적률을 산정할 때는 연면적에 포함하지 않는다. 즉, 건축면적 50평, 지하 2층 지상 3층으로 지어도 이 건물은 건폐율 50%, 용적률 150%다.

건폐율

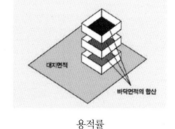

용적률

여기서
잠깐!

건폐율과 용적률이 '대지 면적'에 대한 비율이라고 말했다. 여기서 '대지'란 건축물이 건축될 필지의 경계를 말한다. 지목이 '대'이더라도 건축 허가를 받으려면 건축법상 대지가 되어야 한다. 건축법상 대지는 4m 이상의 도로에 2m 이상 접해야 하며, 용도지역에 따라 건폐율과 용적률을 적용받아 건축할 수 있는 면적이 정해진다.

• **Part 3** •

토지 투자 워밍업,
기본은 알고 하자

토지 투자
그뤠잇 vs 스튜핏

"잘 투자한 토지 한 필지, 아들 셋 부럽지 않다."

강의 때 내가 자주 쓰는 말 중에 하나다. 토지 재테크를 여러 번 해본 사람들은 나도 놀랄 만큼 꼼꼼히 진행 상황과 주변 지역분석을 체크한다. 반면 초보자들은 공인중개사나 컨설턴트, 혹은 투자지를 추천해준 누군가에게 모든 걸 맡기는 편이다. 이 둘 중 누가 토지 재테크에 성공할 확률이 높을까? 당연히 직접 꼼꼼하게 체크하는 사람의 경우가 성공 확률이 높다. 흔히 두려움에 다른 사람을 너무 의지하게 되는 경우가 있는데 그 사람은 타인일 뿐이다. 소중한 내 돈이 들어가는 투자를 그 사람이 책임져주는 것도 아니다. 그러므로 본인이 직접 분석해 투자하는 자세가 좋다. 만약 이렇게 투자한 후 물건의 단점이 발견된다면 겸허히 받아들이고 그것 역시 자신의 지식으로 탈바꿈시켜보자.

약 5년 전 김영식(가명) 씨는 세종시 땅에 5,000만 원의 자금을 투자한 후 지금은 원금의 5배 가까이 올랐다. 3년 전 제주도에 투자한 박미숙(가명) 씨는 적금 만기된 7,000만 원을 투자해 불과 3년 만에 2배 이상으로 거래되고 있다. 김영식, 박미숙 씨는 어떻게 성공할 수 있었을까? 이는 단순히 투자한 것이 아니라 세종시와 제주도의 호재와 발전 가능성을 보고 남들보다 한발 빠르게 움직인 덕이다. 또한 지역분석뿐 아니라 해당 필지의 가치를 제대로 분석해 성과를 낼 수 있었다. 반면 도진수(가명) 씨는 5년 전 가까운 지인의 권유로 평택 땅에 지분으로 투자했으나 개발이 안 되는 토지라 매도가 쉽지 않으며 지금도 가격변동이 없는 상태다. 이처럼 성공한 사람이 있지만 실패한 사람도 있다.

토지 투자에 대한 실전을 알면 실제로 부자가 되는 것은 누구나 가능하며 쉬운 일이다. 토지 투자의 실전에서 가장 중요한 것은 타이밍과 부동산 및 매수자들의 심리를 아는 것이다. 많은 초보자가 부동산 투자를 할 때 중개인 말을 들어보면 '와 좋은 땅이구나, 투자 생각하기 잘 했구나' 했다가도 막상 투자하려고 하면 망설여지는 게 사실이다. 왜냐하면, 본인이 판단해서 부동산 가치를 보는 게 아니라 타인의 정보를 통해서 부동산 가치를 주입받기 때문이다. 문제는 초보자이다 보니 본인이 투자하고자 하는 땅의 가치를 판단하기가 쉽지 않아 하루에도 수십 번 마음이 갈팡질팡하다 마음이 바뀌거나 선점을 놓쳐 기회를 날리는 경우가 많다. 하지만 어느 정도 투자의 경험을 해본 분들은 땅 투자를 할 때 판단하는 기준들이 있다.

좋은 땅 보는 9가지 방법

1. 국책사업 및 개발 호재

대부분 초보자 분늘은 땅을 볼 때 땅 모양새, 지목, 평당가, 도로 접근성 등만 보려고 한다. 하지만 이런 게 아무리 좋아도 주변에 개발 호재가 없다면 그 땅의 가치는 올라가지 않게 된다. 따라서 현재 땅의 모습이 아닌 미래 모습의 청사진을 그릴 줄 알아야 한다. 또한, 개발이 언제부터 언제까지 확실하게 진행되는지 파악하는 것도 중요하다.

① 교통망을 따라 투자하라

교통망이 뛰어난 곳에 유동인구가 많아지고 정부가 계획하는 신도시도 건설된다. 고속도로, 철도 등 도시 인프라가 갖춰야 도시가 들어설 수 있기 때문이다. 대표적으로는 고속도로와 신설 국도 연계가 쉬운 곳이다.

② 신도시 개발이 가능한 곳을 투자하라

대지보다는 전과 답이 많은 지역이 신도시가 될 가능성이 크다. 바로 보상비 때문이다. 대지보다 전과 답이 보상비가 적게 발생하기 때문이다. 그러나 수용을 피하기 위해서 기존 마을이 형성된 곳 1km 이내 토지를 공략하는 것도 토지 투자 방법이 될 수 있다.

③ 수용지의 경계 부분에 투자하라

신도시 개발은 토지 수용 방식이다. 그러나 수용되지 않는 지역은 개발 압력이 커짐에 따라 토지가격이 오른다. 토지 투자 시에는 이런 수용지 인근에 투자해야 한다.

④ 개발 전략이 투자 수익을 부른다

남 보기에 좋은 토지는 이미 비싸다. 남들이 주목하지 않는 토지를 개발해 토지 투자의 맛을 느껴야 한다. 임야를 과수원 땅으로, 전·답을 창고부지로 하는 등의 활용법이 토지 투자의 수익이 될 수 있다.

⑤ 투자 시 개발계획에 쉽게 현혹되지 말라

개발계획의 추진은 생각보다 느리다. 현실적으로 가능한지, 진행상황은 어떤지 지자체와 국토부 등에 열심히 문의하라. 토지 투자는 열심히 뛰는 사람에게 더 많은 수익을 준다.

2. 현장 답사

땅 투자 시 가장 중요한 게 현장 답사다. '백문이 불여일견'이란 말이 있듯 백 번, 천 번 들어도 한 번 눈으로 보는 것만 못하다. 그러므로 현장을 방문해 직접 느껴보는 게 좋다. 될 수 있으면 내비게이션을 찍었을 때 딱 현장에 도착하는 땅이 좋다. 내비게이션을 찍어도 잘 찾기 힘든 땅이라면 그만큼 도로상황이 좋지 않다는 것이다(물론 개발지역은 예외 일 수 있다).

전원주택지는 지형이 남쪽으로는 시야가 트이고 경사가 완만하며, 북서쪽은 산이나 숲이 있는 '남저북고南低北高' 형이 좋다. 일조권이 좋고, 겨울에는 북서풍을 막아주기 때문이다. 지질은 암반이나 돌이 많으면 좋지 않다. 위를 바라보았을 때 바위가 툭 튀어나와 있고 여기서 돌이 툭툭 떨어지는 곳은 피하는 것이 좋다. 산지전용허가가 나지 않는 곳이다. 용도지역이 계획관리지역이나 자연녹지지역이 좋지만 생산녹지지역이나 생산관리지역도 무난하다.

경사진 땅이라면 경사도가 얼마인지 따져봐야 한다. 경사도 15도 이상 농지는 영농여건 불리농지라서 농업인이 아니어도 구입할 수 있다. 임야의 경사도가 25도 이상이면 산지전용허가가 나지 않으며, 지역마다 조례로 기준을 달리하고 있다. 땅의 위치가 햇볕이 잘 들고 전망을 가리는 것이 없으면 좋다.

3. 땅을 볼 때는 목적을 가져야 한다

땅을 볼 때는 보는 이에 따라 자기가 어떤 목적과 용도로 땅을 구입하는 것인지 목적의식을 가져야 한다. 아무런 목적 없이 보는 땅은 그저 시간 낭비용 관광이요, 경치감상일 뿐이다. 같은 땅을 보더라도 전원주택을 지으려는 사람과 주말농장용으로 쓰려는 사람, 또는 그냥 투자로 사두려는 사람에 따라 그 평가나 보는 관점이 다를 수 있다. 목적에 맞고 가격도 오르는 곳이라면 더할 나위 없이 좋을 것이다.

땅의 물리적 현황으로는 땅의 모양, 형태, 경사도, 방향, 토질, 그리고 사용현황에 대한 관찰이 필요하다. 땅의 모양, 즉 주변의 다른 토지와의 경계선이 반듯한가도 중요하다. 인근에 임야를 개발한 경우 경계선의 오차가 발생할 가능성이 크다.

매물로 적당하며 잘 팔릴 수 있는 땅은 너무 크거나 너무 작아서는 안 된다. 보통 500㎡(150평)~2,000㎡(600평) 내외 규모의 땅이 잘 팔리며, 가격은 1~2억 원 내외를 선호한다.

4. 땅은 주변 환경이 매우 중요하다

땅 자체는 마음에 들고 조건이 좋지만, 주위 환경이 좋지 않아 땅으로서 제값을 하지 못하는 경우가 많다. 땅은 부동성不動性로 움직일 수 없기에 주위환경의 영향을 피할 수 없다.

매도 의뢰를 받은 땅 주변에 혐오시설, 위험시설, 기피시설이 있는지 살펴보자. 주변에 쓰레기매립장, 하수종말처리장, 화장장, 공동묘지, 도살장 등의 혐오시설이 있는 경우나 사격장, 예비군훈련장 등 위험시설, 대규모 축사, 양계장, 공해유발공장 또는 비행장 등이 있는지 확인하자. 선하지고압선 아래 토지 또한 기피 대상이다.

5. 땅의 가장 중요한 것은 입지다

전국 대비 11.7%의 수도권 면적에 전 인구의 49%가 집중되어 있고 대부분의 구매력이 이곳에서 나온다고 해도 과언이 아니다. 이는 수도권 안에 있거나 수도권에서 가까울수록 인기가 있고 땅값이 비싼 것을 대변한다. 서울 인근의 수도권 인기지역으로 양평, 가평, 용인, 양지, 경기 광주, 퇴촌 등이다. 땅 중에서 도심지 상권 안에 있거나 역세권 혹은 고속도로 IC에서 가까운 경우 접근성이 뛰어난 땅으로 찾는 이가 많아 당연히 땅값이 높고 투자 가치도 크다. 그런 물건들은 경쟁력이 있고, 매물로서 인기가 높다.

6. 어떤 규제를 받는 땅인지 살피자

우리나라 지도에 나와 있는 땅으로 공법적 규제를 받지 않는 땅은 있을 수 없다. 국토로 되어 있는 모든 땅은 국공유지나 사유지를 막론하고 모두 거미줄 같은 공법상의 규제를 받고 있다. 즉 모든 땅은 그 땅에서 할 수 있는 것과 할 수 없는 것이 관계 법령에 상세히 규정되어 있다.

토지 투자자에게 토지이용계획확인원 검토는 필수다. 개발 가능한 용도와 제한 용도를 반드시 확인하라. 강아지 한 마리를 입양해도 혈통을 따지면서 토지 투자에 너그러울 필요는 없다. 지적도, 토지대장 등 가능한 많은 서류를 떼보는 것이 좋다. 물건 중에는 진입도로가 없거나 법률상 문제가 있는 물건 혹은 입지가 좋지 않거나 법률적 규제가 심해 활용이 어려운 물건 등도 적지 않다. 모름지기 토지를 사려면 물건을 가릴 줄 아는 안목을 가져 땅에 관련된 공법적 제한을 파악할 줄 알아야 한다. 부동산 공법적 규제를 제대로 도해하지 못하면 아무 쓸모 없는 땅을 사는 일이 벌어진다. 건축 허가나 행위 허가 등 관련법은 해당 인근 설계사무소 등과 미리 상의하면 쉽게 알 수 있다.

7. 땅의 개발 가능성과 전망을 살펴야 한다

땅의 현재도 중요하지만 향후 해당 토지의 개발 가능성이 더욱 중요하며, 이는 투자의 근본이 된다. 이는 막연한 짐작이 아닌 광역도시계획, 도시기본계획, 도시관리계획을 꾸준히 살피는 노력이 필요하다. 이들 자료는 국토교통부, 해당 지자체 홈페이지에 고시된다.

8. 결점이 없는 땅은 없다

지방 현장을 다니다 보면 모든 조건을 갖춘 땅은 매우 드물고 거의 모든 땅은 한두 가지 흠이 있다. 이 흠을 극복해낼 줄 아는 실력을 키워야 한다. 이는 해당 토지에 관련된 행위 제한 사항을 이해해 개발 가능 여부를 확인할 수 있는 안목을 말한다. 즉, 부동산 공법을 도해하는 법이다.

9. 땅값은 따로 없으며 땅은 임자가 따로 있다는 말도 있다

이 말은 땅은 원하는 사람에 따라 그 평가가 달라 객관적으로 평가하기가 어렵다는 것이다. 확실히 땅값은 보는 사람에 따라 차이가 있는 것이 사실이며 특히 지방의 펜션이나 임야, 농지를 볼 때 매도자와 매수자의 시각차는 매우 크다.

아무리 좋은 땅이라도 땅값이 시세에 비해 너무 비싸다면 그 땅은 쉽게 팔리지 못한다. 토지중개에서 땅의 시세와 매매가는 대체로 그 지역에서 최근 거래가 있었던 매매가격, 경매 낙찰가, 토지수용액 등이 기준이 된다. 보통 매매사례 실적에 따르는 경우가 많다.

여러 조건을 따져 부합하는 장소가 있고 여건이 맞는다면 작은 땅이라도 남들보다 빠르게 투자를 해보는 게 중요하다. 경험상 너무 재고 따지는 분들이 투자를 못 하는 경우가 많으며 반대로 어설프신 분들이 과감하게 투자를 하는 경우가 많다. 성공하려면 결단력이 필요하다.

서류 확인을
꼼꼼히 하자

건축물의 기본 공부공적 장부는 건축물대장과 건물 등기부등본인

것처럼, 토지의 기본 공부는 토지대장과 토지 등기부등본이다. 이

는 토지 투자를 하기 전 지적도와 토지이용확인원과 함께 반드시

민원24	인터넷등기소

토지대장

토지 등기부등본

확인해야 할 사항이다. 토지대장은 민원24(www.minwon.go.kr), 등기부등본은 대법원 인터넷등기소(www.iros.go.kr)에서 쉽게 발급받을 수 있다.

토지대장에는 소유권 변동 사항과 지목, 지목변경 여부, 면적, 개별 공시지가 등이 기재되어 있다. 과거에는 공시지가확인원도 발급받아야 했지만, 최근에는 개별공시지가가 토지대장에 기재되어 있어 별도의 확인원을 발급받지 않아도 된다. 여러 명의 명의로 되어 있는 경우에는 공유자 명부가 첨부되어 있다.

토지대장을 열람하는 가장 중요한 목적은 지목변경 여부인데, 이것으로 토지의 형질변경 이력을 확인할 수 있다. 예를 들어 과거에는 '답'이었던 토지가 현재 '대'로 변경된 것을 확인할 수 있다. 또한, 분할 여부 역시 확인할 수 있다.

등기부등본은 해당 부동산의 표시와 소유권, 이외의 권리 변동을 나타내고 있다. 부동산 매매금액은 등기부등본에 기재되어 있으며, 여러 필지가 공동으로 매매된 경우에는 매매목록을 체크해 발급하면 된다. 이외에 건축물이 있다면 건축물대장을 발급받아야 한다. 건축물대장은 토지대장과 마찬가지로 민원24 홈페이지에서 열람 가능하다.

여기서 잠깐!

등기부등본의 매매금액은 2006년 6월 1일 이후 금액만 나와 있으니 이것에 주의해야 한다. 만약 이전의 매매금액을 확인하려면 직접 지주의 매매 계약서를 확인해야 한다.

토지대장과 등기부등본에 기재된 내용이 서로 다른 경우도 있는데, 이 경우 지목과 면적 등은 토지대장이 우선이고, 소유권 변동에 관한 내용은 등기부등본이 우선된다.

반드시 서류 확인 작업을 꼼꼼히 하자

일반적으로 토지 투자 초보자들은 서류 확인 작업을 게을리하는 경향이 있는데, 이는 잘못된 투자로 연결되기에 십상이므로 주의해야 한다. 부동산은 '말'이 아니라 '서류'가 모든 것을 나타내기 때문에 반드시 서류 확인과 현장 답사를 해야 잘못된 투자로 이어지지 않게 된다. 적잖은 사람들이 말로 들은 토지 정보를 실제 확인해 보면 믿고 있던 내용과 많이 상이한 것을 볼 수 있다(실제 나도 답사를 다니면서 이런 경우가 많았다). 실제 서류를 제대로 확인하지 않고 임야도와 현황도도 제대로 비교하지 않아서 잘못된 투자를 하는 경우가 심심찮게 나타나고 있다.

　일단 잘못된 정보로 땅을 매입한 경우에는 잘못된 상황을 알기 어렵다. 알았다고 해도 소유권 이전 이후의 매각은 거의 불가능하게 된다. 추후에 매도인을 민·형사상으로 고소해서 잘못된 계약을 되돌리려고 해도 매도인이 만약 법인이고 이를 해산했다면 어떤 보상도 받지 못할 수도 있다. 따라서 서류 확인을 한 후 현장 방문을 통해 반드시 꼼꼼하게 비교 확인하고 토지 투자를 해야 한다.

지적도를
확인하라

지적도

지적도를 확인하는 가장 큰 목적은 토지의 형태모양와 인접도로의 접합 여부, 경계 등을 확인하기 위해서다. 지적도 상 도로에 접해 있어야 개발행위 허가가 가능하기 때문이다. 지적도 상단의 지번이 일치하는지, 현황 도로가 지적도상의 도로와 일치하는지, 토지의 경계와 지적도의 경계가 일치하는지는 지적도를 통해 확인할 수 있다.

지적도는 '지적도' 와 '임야도'로 나뉜다. 지번 앞에 '산' 이 있으면 임야도를 발급받아야 한다. 지목은 임야라도 지번 앞에 '산'이 없는 일반 지번의 경우에는 '토임'이라 해서 등록 전환되었기 때문에 지적도를 떼야 한다. 이는 토지대장과 임야대장의 경우도 마찬가지다.

지적도는 평면적 공간으로서 3차원적인 토지의 형상을 나타내지 못할 뿐만 아니라 혐오시설의 인접 여부 등을 판단할 수 없기 때문에 반드시 '현장 답사'를 해야 한다. 현장 답사를 통해 현재의 모습을 확인하는 방법이 최우선이겠지만, 네이버 지도나 다음 지도의 로드뷰 기능을 통해 가장 최근 현장 모습을 우선 확인할 수 있다.

로드뷰를 통해 본 해당 필지의 모습

농취증, 초보자에게 낯설게 느껴지는 이유

농지를 구입하려면 농지취득자격증명'농취증'이라고 부름을 발급받아 등기소에 제출해야 한다. 농취증은 등기 이전을 할 때 첨부되는 필요 서류로서, 농지를 구입할 때 해당 읍·면·동사무소에서 발급할 수 있다. 농지를 구입하는 경우 미리 농취증을 발급 신청한 후 발급이 되면 등기 이전 시 다른 서류와 같이 첨부해 제출해야 소유자 명의를 바꿀 수 있다. 이렇듯 농지 투자에서 농취증은 빼놓을 수 없는 부분이다 보니 농취증 관련 질문을 많이 받는다. 상담이나 세미나, 심지어는 답사에서도 "농취증은 어떻게 발급받나요?", "한 번 받으면 계속 농지를 살 수 있나요?" 등이 단골 질문이다. 대부분이 잘못 생각하고 있는 부분이 있는데, 농취증은 일반 자격증이 아닌 신청

농취증 서식

농지취득자격증명신청서	처리기간	접 수 *	. . . 제 호
	4일	처 리 *	. . . 제 호

<table>
<tr><td rowspan="3">농 지
취득자
(신청인)</td><td>①성명
(명칭)</td><td colspan="2">③주민등록번호
(법인등록번호)</td><td colspan="4">⑥취득자의 구분</td></tr>
<tr><td rowspan="2">⑤주소</td><td colspan="2">시 구 동</td><td rowspan="2">농업인</td><td rowspan="2">신규
영농</td><td rowspan="2">법인등</td><td rowspan="2">주말
체험
영농</td></tr>
<tr><td colspan="2">도 시·군 읍·면 리 번지</td></tr>
<tr><td>④연락처</td><td colspan="2">⑤전화번호</td><td colspan="4"></td></tr>
</table>

<table>
<tr><td rowspan="6">취 득
농지의
표 시</td><td colspan="4">⑦소 재 지</td><td rowspan="2">⑧
지번</td><td rowspan="2">⑨
지목</td><td rowspan="2">⑩면적
(㎡)</td><td colspan="3">⑪농지구분</td></tr>
<tr><td>시·군</td><td>구·읍·면</td><td>리·동</td><td></td><td>진흥
구역</td><td>보호
구역</td><td>진흥
지역밖</td></tr>
<tr><td></td><td></td><td></td><td></td><td></td><td></td><td></td><td></td><td></td><td></td></tr>
<tr><td></td><td></td><td></td><td></td><td></td><td></td><td></td><td></td><td></td><td></td></tr>
<tr><td></td><td></td><td></td><td></td><td></td><td></td><td></td><td></td><td></td><td></td></tr>
<tr><td></td><td></td><td></td><td></td><td></td><td></td><td></td><td></td><td></td><td></td></tr>
</table>

⑫취득원인					
⑬취득목적	농업경영	농지전용		시험·연 구·실습 용등	주말체험 영농

농지법 제8조제2항 및 동법시행령 제10조제1항의 규정에 의하여 위와 같이 농지취득자격증명의 발급을 신청합니다.

년 월 일

농지취득자(신청인) (서명 또는 인)

시장·구청장·읍장·면장 귀하

※ 구비서류	수수료
1. 법인등기부등본(법인의 경우에 한합니다)	농지법시행령 제75조의 규정 에의함
2. 별지 제2호서식의 농지취득인정서(법 제6조제2항제2호의 규정에 해당하는 경우에 한합니다)	
3. 별지 제6호서식의 농업경영계획서(농지를 농업경영 목적으로 취득하는 경우에 한합니다)	
4. 농지임대차계약서 또는 농지사용대차계약서(농업경영을 하지 아니하는 자가 취득하고자 하는 농지의 면적이 영 제10조제2항제5호 각목의 1에 해당하지 아니하는 경우에 한합니다)	
5. 농지전용허가(다른 법률에 의하여 농지전용허가가 의제되는 인가 또는 승인 등을 포함합니다)를 받거나 농지전용신고를 한 사실을 입증하는 서류(농지를 전용목적으로 취득하는 경우에 한합니다)	

서류임에도 매우 어렵게 생각하는 점이다. 발급 시 특별히 어려운 점은 없지만, 농취증을 신청할 때 어떤 목적으로 농지를 취득하는지 명시해야 하는 점은 유념해야 한다.

1. 주말 영농체험으로 구입할 경우

주말 영농체험으로 농지를 구입할 경우는 세대별로 1,000㎡ 미만 면적까지만 구입이 허용된다. 주말 영농체험은 도시민들에게 농촌 농지를 경험해보는 일을 장려함으로써 농촌 지역 활성화를 고려해 시행하는 법규다. 따라서 면적이 큰 토지는 주말 체험용으로 보기에는 무리가 있어 1,000㎡(약 302평)까지 제한을 두는 것이다. 302평 이하 농지를 구입할 경우에는 주말 체험 영농으로 다른 규정은 크게 제한받지 않아 전국 어디든 농취증 발급이 쉽다.

또한, 주말 영농체험으로 구입한 토지를 나중에 매도할 때 사업용 토지로 계산되어 비사업용 토지보다 10% 양도소득세를 절감할 수 있는 장점이 있다. 그 때문에 비슷한 토지인데 290평 토지와 310평 토지가 있다면 당연히 290평 토지를 선택하는 것이 이득을 볼 수 있다.

2. 농업 경영용으로 구입할 경우

농업경영용으로 구입하는 경우는 토지 면적에 제한이 없다. 주말 영농체험용과 다른 점은 주말 영농체험 토지는 농취증만 작성하면 되는데 비해 경영용으로 넓은 토지를 구입할 때는 활용방안까지 작성해야 한다. 이것을 '농업경영계획서'라고 하는데 면적이 얼마인지, 어떤 농기계로 어떤 농사를 지을지를 명시해야 한다. 계획서는 말 그대로 계획이니 크게 고민할 필요는 없다.

여기서 잠깐!

세대 기준(1,000㎡)은 남편이나 아내가 농지가 있으면 면적이 합산되어 결정된다. 예를 들어 남편이 700㎡의 농지를 주말농장으로 사용하고 있는 상태에서 아내가 500㎡의 농지를 구입한다면, 합산 면적이 1,000㎡가 넘어가므로 아내는 주말농장으로 신청할 수 없다.

3. 농지 연구 및 실험, 전용 목적으로 구입할 경우

연구 및 실험용은 특별한 경우를 제외하고 투자 측면에서는 구입하는 경우가 거의 없으니 이 책에서는 논외로 하기로 하자. 전용 목적으로 구입하는 경우는 농지에 바로 건축하려고 할 때 체크하게 된다. 투자 목적인 경우 곧바로 건축할 목적은 아니므로 일반적으로 투자 목적은 앞서 말한 1, 2번만 생각하면 된다.

농업경영계획서 서식

농 업 경 영 계 획 서

취득대상농지에 관한 사항	①소 재 지			②지번	③지목	④면적 (㎡)	⑤영농거리	⑥주재배 예정작목	⑦영농착수 시기
	시·군	구읍면	리·동						
	계								

농업경영노동력의 확보방안	⑧취득자 및 세대원의 농업경영능력					
	취득자와 관계	성별	연령	직업	영농경력(년)	향후 영농여부
	⑨취득농지의 농업경영에 필요한 노동력확보방안			
	자기노동력	일부고용	일부위탁	전부위탁(임대)

농업기계장비의 확보방안	⑩농업기계장비의 보유현황					
	기계·장비명	규격	보유현황	기계·장비명	규격	보유현황
	⑪농업기계장비의 보유 계획					
	기계·장비명	규격	보유현황	기계·장비명	규격	보유현황

⑫연고자에 관한 사항	연고자 성명		관계	

농지법 제8조 제2항의 규정에 의하여 위와 같이 본인이 취득하고자 하는 농지에 대한 농업경영계획서를 작성·제출합니다.

년 월 일

제출자 (서명 또는 인)

농취증 반려 사유를 염두에 둘 것

이렇게 지목상 농지전·답·과수원를 구입하게 되는 경우에는 농취증을 발급해야 하므로 목적에 맞게 미리 구상해 작성할 수 있도록 한다. 상황에 따라서 농취증을 신청받은 담당 공무원이 현장을 확인했는데 불법 건축물이 있거나 폐기물 및 기타 물건이 야적되어 있다면 반려되기도 한다. 이런 경우에는 농취증이 발급되지 않았다고 생각하지 말고 농지로써 활용할 수 있게 원상복구 계획서를 제출하면 발급된다. 농취증이 발급되면 명의이전 후에 원상복구를 통해 농지 상태로 만들면 된다. 하지만 간혹 일부 공무원은 선先 복구, 후後 발급을 내세울 수 있어 모든 농지가 원상복구계획서로 농취증이 발급되는 것은 아니라는 점을 염두에 두자. 특히 경매인 경우 낙찰 후 7일 이내 농취증을 제출해야 하는데, 선 복구, 후 발급 원칙을 내세우는 담당자와 접하게 되면 농취증이 미발급되어 입찰보증금을 몰수당할 수 있으니 특히 주의하자.

여기서 잠깐!

모든 농지를 구입할 때 농취증이 필요한 것은 아니다. 주거지역, 상업지역, 공업지역에 속해 있는 농지는 이미 농지로서 기능을 상실했다고 보아 농취증을 발급받을 필요가 없다. 즉, 관리지역 농지나, 농림지역, 녹지지역 농지를 구입할 때 농취증이 필요하다.

• Part 4 •

도로를 알면
토지 투자
백전백승

타고난 팔자 고치기 어렵다,
맹지

도로에 접하지 않은 땅을 흔히 '맹지'라 부르며 이런 땅은 건축 허가가 나지 않는다. 허가가 나지 않으니 농사 이외에는 활용할 방법이 없어 지가가 낮다. 도로가 없는 토지였지만 나중에 도로가 생긴다면 적은 투자금으로 큰 수익을 볼 수는 있으나, 현실적으로 이런 일은 드물기 때문에 크게 추천하지는 않는다.

간혹 막연히 '도로를 낼 수 있겠지…'라는 장밋빛 희망을 품고 땅을 사는 사람이 있는데, 현실은 냉혹하다. 맹지인 땅을 사서 앞 지주에게 도로 너비만큼 땅을 팔라고 해도 팔지 않겠다면 끝이다. 아무리 설득해도 팔지 않겠다면 방도가 없다. 실제 주변에서 이런 경우를 너무도 많이 보았다. 음식점을 운영하는 앞 지주가 도로 너비만큼 땅을 팔지 않자 뒤땅에 모래를 가득 부어 넣고 바람에 자연스레 모래가 날아가도록 했다는 일화도 들었다. 어떤 분은 일부러 돼지 2마리를 키웠다는 분도 있었다. 기준 이상의 가축을 사육하는 경우 분뇨처리시설 등 갖춰야 할 제반 시설이 늘어나니 기준 미만으로 2마리를 키운 것이다. 돼지우리에서 뿜어대는 냄새는 짐작이 가리라.

앞 지주와 만나 협상의 여지라도 있는 경우는 그나마 다행이다. 앞 지주와 연락이 닿지 않는 경우도 많기 때문이다. 흔히 등기부를 보고 앞 지주 주소를 찾아간다는 분들이 많은데, 지주가 그 주소에 살고 있지 않다면 어떡할 것인가? 어떻게 수소문해서 연락이 닿도록 할 것인지 먼저 생각해보길 바란다. 이는 기존 책들에서 말하는 맹지 탈출 방법과 현실이 다름을 보여주는 대목이다.

차가 다니는데
도로가 아니라고?

도로에 접하지 않는 필지가 건축 허가가 나질 않는 이유는 건물의 안전이 취약하기 때문이다. 만약 화재가 발생한다면 빠른 진압을 위해 소방차가 도로를 통해 진입할 수 있어야 한다. 소방차가 진입하려면 당연히 도로가 있어야 한다. 또한, 도로 폭도 중요하다. 좁은 도로인 경우 소방차가 진입할 수 없으므로 건축선을 후퇴해 도로 폭을 확보하지 않은 이상 건축 허가가 나지 않는다. 따라서 도로가 없거나 도로에 접했다 하더라도 도로 폭이 좁은 필지는 신중해야 한다.

흔히 사람들은 차가 다니고, 도로 포장이 되어 있으면 도로라고 부르지만, 건축법에서는 그렇지 않다. 건축법에서 따로 '도로'에 관한 정의를 해놓았으며 이 규정에 맞는 도로여야 건축법상 도로가 되어 건축 허가의 기준이 된다. 이런 이유로 초보 투자자들이 단순히 길에 접했다고 맹지가 아니라는 생각에 땅을 샀지만, 실제 도로의 역할을 하지 못해 맹지가 되는 경우도 많다.

도로 (건축법 제2조 1항11호)   '도로'란 보행 및 자동차 통행이 가능한 너비 4m 이상의 도로로서 다음 각 목의 어느 하나에 해당하는 도로 또는 그 예정도로를 말한다.

① 국토의계획및이용에관한법률·도로법·사도법 기타 관계법령농어촌도로정비법에 의해 신설 또는 변경에 관한 고시가 된 도로

② 건축 허가 또는 신고 시 시·도지사 또는 시장·군수·(자치구)구청장이 그 위치를 지정·공고한 도로 ←소요 폭 미달로 건축선 후퇴가 많음

즉, 내 눈에 뻔히 도로처럼 보인다 해도 건축법상 도로 요건이 되는지 따져봐야 한다. 또한, 도로는 적용받는 법률에 따라 성격이 다르다.

- 국토의계획및이용에관한법률 : 도시계획시설도로(또는 도시계획시설

예정도로)

- 도로법 : 고속국도(국가-국토부)

　　　　　일반국도(도지사)

　　　　　특별시도, 광역시도(시장)

　　　　　지방도(도지사)

　　　　　시도(시장)

　　　　　군도(군수)

　　　　　구도(구청장)

- 사도법상 도로 : 개인이 설치한 도로로 사도대장에 등재
- 농어촌도로정비법 : 면도, 이도, 농도목적 외 사용 승인 대상
- 건축 허가 시 위치를 지정해 도로대장에 등재된 도로

이들 각 도로는 모두 4m 너비 요건을 충족해야 한다(면 이하 비도시지역은 예외 있음). 단, 건축물의 연면적이 2,000㎡를 초과하는 경우 4m 요건이 아닌 6m 이상 도로 폭 너비를 충족해야 한다.

건축선을
유념하라

건축선이란 대지에 건축물이나 공작물을 건축할 수 있는 한계선이다. 건축선은 도로의 경계선과 일치할 수도 있으나 그렇지 않을 수도 있다.

4m 이상의 도로 소요 너비에 못 미치는 도로인 경우에는 그 중심선으로부터 그 소요 너비의 1/2의 수평거리만큼 물러난 선을 건축선으로 한다. 그 도로의 반대쪽에 경사지·하천·철도·선로부지·그 밖에 이와 유사한 것이 있는 경우에는 그 경사지 등이 있는 쪽의 도로 경계선에서 소요 너비에 해당하는 수평거리의 선을 건축선으로 한다. 이처럼 따로 건축선을 설정하는 것은 건축물에 의한 도로의 침식을 방지하고 원활한 도로교통을 도모하기 위한 것이다.

건축선

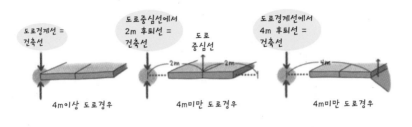

도로경계선 =
건축선

4m이상 도로경우

도로중심선에서
2m 후퇴선 =
건축선

도로
중심선

4m미만 도로경우

도로경계선에서
4m 후퇴선 =
건축선

4m미만 도로경우

같은 면적이라도 손해난다

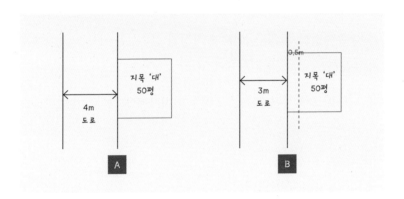

같은 50평으로 지목이 '대'인 A, B 필지가 있다. 이때 A필지는 4m
도로에 접했으므로 건축의 기준의 되는 대지면적도 50평이다.

B필지는 도로 소요폭 미달로 건축선이 0.5m가 후퇴하게 되어 건
축 가능한 대지 면적이 작아진다. 땅의 길이가 30m라고 가정하면

30m×0.5m=15㎡(약 5평)의 땅을 못 쓰는 것과 같다. 평당 200만 원을 줬다면 1,000만 원을 못 쓰는 셈이 되는 것이다. 따라서 땅을 살 때는 도로 너비를 잘 보고 사야 한다. 소요 너비에 못 미치면 건축선이 후퇴하므로 건축면적이 작아진다.

단, 현실적으로 도시나 택지개발된 지역을 제외하면 소요 폭에 미달하는 도로가 많은 것이 사실이다. 따라서 매수할 때 도로 여건을 감안해 건축 가능한 면적을 산정하면 좋을 것이다.

또한, 지자체장은 시가지 안에서 건축물의 위치나 환경을 정비하는 데 필요하다고 인정하면 대통령령으로 정하는 범위에서 건축선을 따로 지정할 수 있다. 이렇게 지정된 건축선은 바로 고시해야 한다. 따라서 토지를 매수하고자 하면 가장 먼저 도로조건이 맞는지 살피고, 따로 지정된 건축선의 여부를 지자체에 알아봐야 한다.

계획도로를
주목하라

도로의 종류도 많고 활용성이 다양하기 때문에 토지 투자자는 도로에 관해 많은 공부를 할 필요가 있다. 도로 종류 중 도시계획시설 도로에 대해 알아보자(줄여서 '계획도로'라고 부른다).

도시계획시설도로 　도시를 계획할 때 필요한 기반시설 중 도시관리계획으로 결정된 도로를 말한다.

원활한 도시 기능을 위해 도로, 공원, 학교, 도서관, 주차장 등 여러 가지 기반시설이 필요하다. 이 시설들은 많은 자금이 소요되기

도시계획시설예정도로 예시
(지적도에 빨간 줄로 그어진 도로가 도시계획시설예정도로다)

지목	전 🅘			면적	1,653 ㎡
개별공시지가 (㎡당)	250,500원 (2017/01)				
지역지구등 지정여부	「국토의 계획 및 이용에 관한 법률」에 따른 지역·지구등	도시지역(천안도시지역) , 자연녹지지역 , 중로3류(폭 12M~15M)(2017-08-01)(저촉)			
	다른 법령 등에 따른 지역·지구등	가축사육제한구역((전부제한지역))<가축분뇨의 관리 및 이용에 관한 법률>			
「토지이용규제 기본법 시행령」 제9조제4항 각 호에 해당되는 사항					

범례:
☐ 준보전산지
☐ 자연녹지지역
☐ 도시지역
☐ 가축사육제한구역
☐ 중로3류(폭 12M~15M)
☐ 소로1류(폭 10M~12M)
☐ 소로3류(폭 8M 미만)
☐ 법정동

축척 1 / 2400

에 개인이 설치하기엔 무리가 있어 국가나 지자체가 예산을 통해 주도하게 된다. 기반시설을 마구잡이로 설치하는 것이 아닌 먼저 도시기본계획을 거친다. 즉, 도시의 기본을 계획하는 큰 틀이 도시기본계획이다. 도시기본계획 중에서 본격적으로 실시하는 계획은 도시관리계획으로 결정한다. 기반시설 중에서 도시관리계획으로 결정된 기반시설을 '도시계획시설'이라 한다. 즉, 모든 기반시설을 도시계획시설이라고 부르는 게 아닌, 기반시설 중에서 도시관리계획으로 결정된 기반시설이 도시계획시설이며, 이 중 도로를 도시계획시설도로라고 칭한다.

도시계획시설도로가 개설될 예정임은 해당 필지의 토지이용계획확인원을 통해 확인할 수 있다. 앞의 사진을 보면 「국토의계획및이용에관한법률」란에 '중로3류'라고 표기되어 있고 지적도에 빨간 선으로 그어져 있는 걸 확인할 수 있다. 바로 도시계획시설도로가 개설될 예정임을 의미한다.

제주시 도시계획시설예정도로(빨간색) 예시

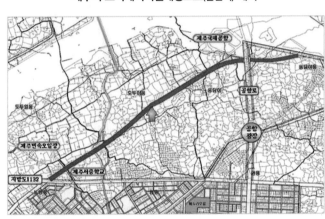

이 사진은 제주도 공항 주변에서 제주 시내로 진입하는 외곽도로다. 점차 교통량이 증가해 정체 현상이 심해져 시민들과 관광객을 위해 제주도에서 계획해 발표했다. 없던 도로가 생기는 것이므로 만약 도로가 생기는 곳에 맹지를 소유하고 있었다면 정말 큰 호재일 것이다. 이렇게 한순간에 도로가 생김으로써 토지의 가치는 몇 배가 상승한다.

그럼 도로가 생길 곳을 예상해 맹지에 투자하는 것이 현명한 투자일까? 아니, 옳은 투자였는지 장담할 수가 없다. 이유는 맹지에 도로가 생기기까지 시간이 얼마나 걸릴지 확신할 수 없으며, 계획만 있고 실행에 옮기지 못해 묶여 있는 토지들도 상당히 많기 때문이다. 따라서 어떤 것이 옥석이고 아닌지 가려내야 하는 눈이 필요하다. 실제 도시계획시설예정도로로 지정된 지 30여 년이 흐른 지금

장기미집행 도시계획시설 일몰제

도시계획시설은 '수용'을 목적으로 하기에 해당 시설로 계획이 되면 토지 소유자는 개발행위를 할 수 없다. 그렇다면 빨리 '수용'을 해주면 좋지만, 예산이 없다는 이유로 기약 없이 기다리는 신세가 된다. 예산이 없다면 차라리 도시계획시설에서 해제해달라고 민원도 수차례 넣어보지만 돌아오는 답변은 '그럴 수 없다'이다.

이렇게 20~30년 이상을 기다려도 집행이 되지 않자 반발한 토지 소유자들이 헌법재판소에 소송을 제기해 승소했다. 이로써 도시계획시설 지정의 근거가 되었던 도시계획법 제4조는 위헌 결정(1999.10.21. 97헌바26)됐다. 판결내용은 20년 이상 장기미집행된 도시계획시설은 해제하되, 기산일은 2000년 7월 1일이다. 즉, 이전에 지정된 도시계획시설일지라도 기존 기간은 산입되지 않고 2000년 7월 1일부터 기산하는 것이다. 따라서 2020년 7월 1일부로 20년이 되도록 집행되지 않는 도시계획시설은 해제된다(일몰제). 이에 반사적 이익을 얻는 토지주도 생길 것이요, 토지 가치가 하락하는 토지주들도 생길 것이다. 따라서 도시계획시설은 이해득실을 잘 따져 투자해야 한다.

까지도 도로가 생기지 않는 곳도 많다.

　도로는 토지에서 매우 중요한 부분이다. 도로가 어떻게 생기고 바뀌는지에 따라 토지의 가치는 몇 배의 상승효과를 나타낸다. 도로가 없는 맹지라도 위치가 좋아 주변에 도로가 생길 수 있는 상황이 된다면 분산 투자를 통해 높은 수익을 얻을 수 있다. 단, 도로가 생긴다는 전제다. 그러므로 많은 발품과 연구를 통해 정확한 분석과 이해로 접근해야 리스크를 예방할 수 있다.

도로 주인이 달라?

1. 국가 소유 도로인 경우

일상생활에서 크게 신경 쓰지 않고 이용하고 있는 도로지만 엄연히 소유자가 있으며 주인이 공공기관(국가나 지자체)인 경우가 많다. 왜냐하면, 도로는 다른 토지들에 연속으로 접해 모든 이가 함께 사용하기 마련인데 개인의 부속물이라면 도로를 이용하기에 분쟁의 소지가 있기 때문이다.

도시계획시설도로나 도로법상 도로, 농어촌도로정비법상 도로는 국가나 지자체의 소유다. 내 땅이 이 도로에 접하고 있다면 4m 이상 도로에 접하고 있으므로 건축이 가능할 가능성이 크다. 하지만 무조건 건축이 된다고 확답하긴 이르다. 필지 위치에 따라 연결허가금지구역이나 접도구역일 수 있고 변속차로 길이가 나오지 않을 수 있기 때문이다. 따라서 국가 소유의 너비 4m 이상의 도로에 접했다면 추가로 적용받는 규제사항이 있는지 확인해야 한다.

2. 사도 (개인이 만든 도로)

국유지의 도로를 활용할 때는 큰 문제가 없지만, 개인이 만든 도로는 해당 도로 주인에게 사용승낙을 받아야 한다. 이런 도로의 부지를 '사도'라고 한다. 내가 비용을 들여서 만든 도로를 다른 사람이 사용한다면 좋아할 사람이 어디 있겠는가? 만약 사용을 허락하더라도 아무런 대가 없이 사용하라고 하겠는가? 조금의 비용이나 그에 맞는 대가를 원하는 것이 인지상정이다. 그러므로 길은 있으나 그 길이 사도라면 토지의 가치가 낮아지게 된다. 국가가 아닌 다른 누군가와 협의를 해야 하기 때문이다. 따라서 맘에 드는 토지에 접해 있는 토지가 국유지인지 사도인지 확인하는 절차가 필요하다. 도로가 포장되어 있거나 넓은 도로라고 국유지일 것으로 넘겨짚다간 나중에 도로 사용승낙비용이 토지 구입비보다 더 많은 들어갈 수도 있다. 도로가 사도인지 국유지인지를 확인하려면 해당 도로 필지의 등기부등본을 열람해 소유자를 보면 쉽게 알 수 있다.

도로가 사도라 하더라도 경우마다 다르다. 해당 소유자에게 사용승낙을 받아야 하는 경우와 받지 않아도 사용할 수 있는 경우가 있다.

- 사도법에 따른 도로 (사도대장에 등재된 도로)

- 지목이 도로이며 공고된 도로 : 관할 시·군청에서 공고되어 도로 이름이 있으며 도로대장에 등재된 도로

→ 위 2가지에 해당된 도로는 소유자가 개인이더라도 사용승낙이 필요 없다.

이와 반대로 사도대장에 등재되지 않거나, 지목이 '도로'라도 해당 지자체에 도로로 지정되어 있지 않다면 도로 소유자에게 사용승낙을 받아 첨부해야 건축 행위를 할 수 있다.

여기서 잠깐!

매입하려는 토지에 접해 있는 도로가 사도라면 개인이 사용승낙을 받아야 하는지 아닌지 구별하기가 난해하다. 이럴 때는 해당 지자체 도로과에 문의해 사용승낙이 필요한지 아닌지 문의 후 매입하면 문제를 쉽게 해결할 수 있다.

토지(도로)사용승낙서

토지의 표시

토지소재지			지번	지목	지적면적 (㎡)	사용승낙 면적(㎡)	사용용도
시군	읍면	리					
							진출입로 개설

상기 토지는 본인의 소유로서 아래의 사용자에게 승낙함.

승낙 후 본인이 사용하거나 타인에게 재사용권을 부여하지 않겠음은 물론 사용자에게 토지에 대한 사용권이 있음을 인감증명서를 첨부해 확인합니다.

년　　　월　　　일

승낙자	주소			
	성명	(인)	주민등록번호	
사용자	주소			
	성명	(인)		

*첨부 : 승낙자 인감증명서 1부

3. 건축법에 따른 도로

건축법에서는 보행과 자동차 통행이 가능한 너비 4m 이상의 도로를 도로라고 인정하고 있다. 즉 도로의 폭이 4m 이하면 건축법에서는 도로로 인정하지 않아 건축이 불가하다. 지방의 중소도시 인근에는 예전에 만든 도로들이 많아 너비가 4m 이하인 경우가 많다. 이런 토지를 도로에 접했다고 매입한다면 원하는 건축을 할 수 없어 낭패다. 4m 이하라도 주택의 경우에는 형평성을 고려해 허가가 나는 경우도 있으나 그 이상의 다세대 빌라나 창고 등 대형 건축물을 생각한다면 허가가 어려우니 참고하자.

※ 2,000㎡ 이상 건축물의 경우 6m 이상 도로에 집하는 대지가 4m여야 건축이 가능

그림처럼 도로가 토지 전체에 접해야 할 필요는 없다. 4m 이상의 도로에 2m만 접해도 건축 허가는 가능하다. 또한, 창고나 다세대 빌라, 원룸 등 2,000m 이상의 건축물을 지을 경우에는 6m 이상 도로에 4m 이상 접해야 건축 허가가 난다. 토지를 구입할 때 나중에 원룸이나 창고, 1종 근린생활시설 등을 고려하는 경우 도로 폭이 좁으면 활용성이 낮아지니 투자 시 꼭 기억하자.

길 따라
투자하라

　도시의 계속되는 발전과 노력에서 시간 단축은 중요한 토지 투자 방향이다. 지역 간 소요시간이 줄어들수록 입지는 좋아지고 도시는 인구가 몰려 개발되기 때문이다. 따라서 토지 투자를 할 때 교통망(철도, 고속도로, 공항)을 고려하는 것은 초등학생도 이해하는 당연한 이치다. 개발도상국 시절 경부고속도로를 시작으로 서울~부산이 일일생활권이 되면서 경부고속도로에 인접해 있는 도시들이 현재 어떻게 발전했는지를 봐도 알 수 있다. 이처럼 지역 간 이동 시간의 단축에 따라 거리가 멀어 투자성이 떨어진다고 생각했었던 지역이 투자 유망지로 바뀔 수가 있다. 그러므로 토지 투자자라면 교통망이 개선되는 지역에 관심을 가져야 한다.

철도

① GTX

우선 서울, 경기, 수도권 지역을 살펴본다면 당연히 우선시돼야 하는 것은 GTX(Great Train Express)다. '수도권광역급행철도'라고도 불리는 이 노선은 경기 외곽에서 주요 거점을 30분대로 연결하는 철도망 구축 사업이다. A노선은 일산 킨텍스~삼성, B노선은 인천 송도~청량리, C노선은 의정부 회룡~군포 금정역까지로 3개의 노선을 구축하려는 계획이다. 민자 추진을 위한 타당성 분석 중인 구간도 있으며, 예비타당성 조사를 시행하는 곳도 있다.

GTX 노선도

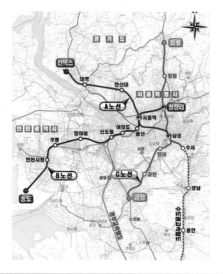

서울 중요 중심부인 종로나 강남 일대를 경기 외곽권에서 30분 내로 진입할 수 있다는 점은 큰 매력이다. 값비싼 서울대신 외곽에서 집을 구해도 충분히 출퇴근이 가능하기 때문이다. 따라서 아직 가격이 저평가되어 있는 소형 아파트나 빌라 등을 발굴해 갭 투자를 선점하면 소액으로 좋은 투자처가 될 수 있으리라 생각한다.

참고로 우리나라의 철도율과 고속도로율은 선진국과 비교하면 아직 미흡한 수준이다. 그러므로 철도 노선은 계속 생길 것이며 그에 따라 역사가 생길 토지 또한 지속적으로 필요하게 될 것이다.

GTX 외에도 이슈 있는 몇 개의 철도 노선을 살펴보자. 아직은 계획 단계이거나 공사 중이므로 관심을 가지고 미리 투자한다면 많은 수익을 볼 구간이 남아 있다.

② 서해안 복선전철(화성 송산~충남 홍성 내포신도시)

서해안 복선전철은 작년부터 일부 구간이 노선 공사를 착공하면서 투자자들의 관심과 참여가 끊이지 않고 있다. 전철의 역사 예정지가 대부분 농림지역이기 때문에 역사 완공 후 개발공사를 통해 큰 차익을 볼 수 있다는 말로 여기저기서 홍보에 열을 올리고 있기 때문이다.

현지 부동산에서도 주거지나, 상업지가 되면 대박이 난다는 말로 농림지역 답(논) 1평을 몇십만 원씩에 권유하는 경우가 비일비재하다. 일전에 비하면 다소 비싸다는 것을 알면서도 '잘하면 대박'이라는 생각에 투자자들은 심한 갈등을 겪는다. 하지만 정확한 위치 분석과 예상을 벗어나게 된 경우에는 어떡하란 말인가. 투기에 가깝게 투자했던 곳이 주거지나 상업지로 환지받지 못한다면 10~30만 원의 농림지역 토지를 비싼 가격에 산 꼴이 되어 손해가 예상된다. 투자를 많이 해보지 않은 초심자들이 큰 리스크를 안고 투자하기란 역세권은 그림의 떡이다.

또한, 현재 시점에서 송산 주변과 평택 안중 주변 역사 근처 토지는 평당 100만 원을 훌쩍 넘고 있다. 100평이 1억 원대가 훨씬 넘으

서해안 복선전철 노선도

니 소액 투자자들은 접근하기조차 용이하지 않다. 조금 가격이 저렴한 당진 합덕과 홍성 쪽을 생각하더라도 2~3년 전보다는 2~3배 이상 가격이 상승한 곳이라 투자에 상세한 조사가 필요하다.

③ 경강선, 동해선

동계올림픽과 더불어 2017년 12월에 개통한 경강선(원주~강릉) 주변도 주목해봐야 한다. KTX 경강선 개통으로 서울 청량리역에서 강릉까지 5시간 47분(무궁화호 기준)가량 걸리던 운행시간은 86분으로 대폭 줄어들게 되었다(서울역에서 강릉역까지는 약 114분 소요). 경강선이 개통되면서 서울에서 점심 먹은 후 강릉에서 저녁 먹고 다시 서울로 당일에 돌아올 수 있는 반나절 생활권이 되면서, 교통 환경이 열악했던 강원 지역 발전에 많은 도움을 줄 것으로 기대되고 있다.

또한, 동해선(포항~삼척) 구간도 막바지 공사에 한창 중이니 동해와 포항 중간중간 지역에 저평가되어 있고 사람들이 찾는 동네에 투자해보는 것을 추천한다. 이 외에도 청량리~속초 예정선, 신안산선이나 이천~문경, 남부내륙철도, 세종시 철도 등 전국적으로 많은 철도가 예정되어 있으니 관심을 가져봐야 할 것이다.

KTX경강선(원주~강릉) 노선도

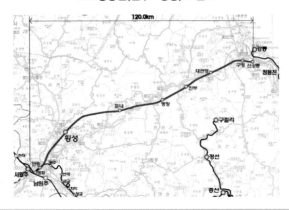

동해선(포항~삼척) 노선도

고속도로

고속도로 또한 철도와 마찬가지다. 고속도로 개통으로 신설 IC가 생겨 입지가 높아질 지역들이 우리가 눈여겨봐야 하는 지역들이다. 한 예로, 서울 동쪽을 시작으로 세종시까지 연결하는 제2경부고속도로 소식에 접근성이 좋은 신설IC 주변 지역 가격이 상당히 오르고 있다. 민자사업 방식으로 추진하려던 계획을 한국도로공사가 시행하도록 사업 방식을 전환함으로써 전 구간의 개통을 1년 6개월 앞당겨 2024년 6월 개통을 목표로 하고 있다. 따라서 시간을 지체할수록 늦는다. 위례신도시를 지나 용인방면 IC가 생기는 곳, 안성에 IC 생기는 곳, 오송신도시 IC 주변을 미리 공략한다면 충분한 지

제2경부고속도로 서울~세종 노선도

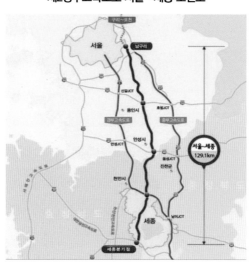

가 상승의 맛을 느낄 수 있을 것이다.

 또한, 앞으로 예정 고속도로 중 서울 제2외곽순환고속도로, 제천
~동해를 연결하는 동서고속도로, 강화~간성 고속도로, 양구~영
천, 문경~울진, 전주~새만금, 무주~대구, 함양~울산 고속도로
등 관심 있는 지역에 고속도로망이 개선되는 곳을 눈여겨봐야 한
다. 우리나라는 현재 37개 정도의 고속도로가 있으며 앞으로 예정
및 추진하는 것까지 포함하면 50개 정도로 늘어날 전망이다.

• Part 5 •

상황별
맞춤 토지
투자법

예전에는 논 밖에 없었는데
이렇게 변할 수가

'옛날에 저기는 논밖에 없었는데 천지가 개벽됐어.'

주변에서 흔히 이런 말을 들어본 경험이 있을 것이다. 농림지역에 아파트 및 상업시설이 들어서며 논밖에 없던 시골 땅이 도시로 변한 것이다.

토지의 용도지역은 크게 도시지역, 관리지역, 농림지역, 자연환경보전지역으로 나뉜다. '도시지역'은 도시가 되는 지역이고, '농림지역'은 농사짓는 지역이다. '관리지역'은 도시지역이라 하기도 모호하고, 그렇다고 농림지역이라 하기도 어려운 지역이 관리지역이다. '자연환경보전지역'은 개발하지 않고 자연환경을 보존해 후대에 전하려는 지역이다. 쌀을 주식으로 하는 우리나라에서 꼭 필요한 토지인 농림지역이 쌀 소비 감소와 산업화 및 도시화가 진행됨으로써 농림지역 일부는 형질이 변경되어 주거지화되는 경우가 있다. 농림지역 토지가 개발된다면 벼락부자가 될 수 있을까? 단순히 토지가격으로만 비교해 보면 수십 배에서 수백 배가 오른 것은 맞다. 하지만 부자가 되지는 않았다. 이해가 잘되지 않는다면 이제부터 천천히 살펴보도록 하자.

국가나 지자체에서 대규모 개발을 하려 한다. 이때 어느 지역을 개발할까? 도시지역을 개발할까? 이미 인구가 밀집하고 도시화된 도시지역을 개발하려면 높은 지가로 인한 주민들의 보상가격이 매우 높다. 또한, 높은 인구밀도로 협의대상자가 너무 많아 난항이 예상된다. 따라서 국가나 지자체는 이미 개발이 된 도시지역에서 또다시 대규모 개발을 진행하진 않는다. 대신 토지가격이 저렴하고 주민들과 협의도 쉬운 도시지역 인근의 농림지역을 개발하는 것이다.

해당 농림지역을 정비하고 도로를 신설하며 주택지로써 사용 가능하게 만들기 위해서는 수용보상 감정에 의해 보상금을 지급하고 해당 토지를 수용한다. 만약 보상금에 이의가 있을 경우 토지주는 '재결 신청'을 할 수 있다. 하지만 내 땅을 안 팔겠다고 억지를 부릴 순 없다. '수용'이란 내 뜻이 아니라 공법의 적용을 받는 공익의 뜻

보상절차

1. 사업계획 확정 — 역세권, 신도시, 기타개발지구
2. 사업 인정 고시
3. 토지 측량 실시
4. 용지 매수 요청 접수
5. 지적 공부 정리

3~4개월

6. 기본 조사 — 소유자별 토지 조서 및 물건 조서 작성 · 1개월
7. 보상 계획 공고 및 열람 — 전국 일간 신문에 게재 / 소유자 및 이해 관계인에게 개별 통지 / 14일 이상 일반 열람 및 이의 신청 · 1.5개월
8. 감정 평가 법인 선정 및 평가 — 감정 평가업자 3인 · 1개월
9. 보상액 신청 — 최고평가액이 최저평가액의 110% 초과시 재감정
10. 손실 보상 협의 및 계약 체결 — 협의 기간 30일 이상 · 2개월

협의 불성립시

▶ 협의시 소유권 이전 및 보상금 지급 · 1개월

11. 수용 재결 신청 — 수용 보상금 지급 (공탁) · 1개월
12. 수용 재결 — 이의 재결 · 4~6개월
13. 이의 신청

이므로 보상금을 법원에 공탁하는 순간 법률규정에 따라 소유권이 국가로 이전되는 효과가 발생하기 때문이다.

수용되면 부자가 될까?

해당 지역에서 넓은 면적을 소유하며 많은 농사를 짓고 있는 경우에는 보상 금액이 수십억 원대에 이르러 한순간에 벼락부자도 될 수도 있다. 실제 한 사람에게 1,000억 원이 넘는 보상금이 지급된 사례들이 있기 때문이다. 하지만 대다수의 사람들은 주로 면적이 작은 경우가 많아 보상금 또한 적은 금액이 대부분이다. 국가는 보상해준 토지로 택지를 만들어 다시 분양을 통해 도시화를 만들게 된다. 그 때문에 농림지역에서 이익을 보는 실질 주체는 국가다.

따라서 수용보상금만 노릴 게 아닌, 반사적으로 개발이익을 누릴 수 있는 땅을 찾아봐야 한다. 개발지 주변 땅 중에 개인도 개발 가

농림지역이 해제되며 아파트가 들어선 모습

능한 토지를 구입해 대규모 개발지로 인해 자연스럽게 내 땅 가격이 상승하는 전략을 세워야 한다. 현재는 주변이 농지지만 추후 도시화된 개발지 주변에 주택이나 음식점, 그에 맞는 토지를 활용하기 위해 찾는 사람들이 많아져서 내 땅 가격이 상승하기 때문이다.

조금만 깊게 생각하면 당연한 이치지만 이점을 간과하고 개발 예정지만 찾고 있는 투자자들이 많다. 투자에 있어서 개발이 어떻게 이뤄지는지와 함께 주변의 변화됨을 예측하는 것은 매우 중요한 일이다.

투자 가치를 알아채는 단서들

어느 한 지역의 투자 가치 유무를 살피는 방법에는 여러 가지 방법이 존재한다. 그중 지역과 사업의 성장 속도와 투자 유망 정도를 쉽게 파악할 수 있는 몇 가지 단서가 있다.

1. 컨테이너가 늘어난다

여기서 말하는 컨테이너는 바로 간이 부동산 사무소를 이야기한다. 한 지역에 부동산 호재가 발생하면 새로운 부동산 사무소가 많이 들어서는 것을 발견할 수 있다. 이런 사무소는 토박이 사무소라기보다 어떤 한 지역에 부동산 호재가 발생하면 앞으로 많은 투자자가 몰릴 것을 예상해 잠깐 그 지역에서 부동산 중개를 하는 철새

부동산 사무소와 각종 건축 관련 컨테이너가 즐비한 모습

사무소라고 볼 수 있다. 이 철새 사무소 중에는 기획부동산도 섞여 있어 주의를 요한다. 대표적으로 제주지역이 이런 컨테이너 부동산이 대거 유입되어 어디서든지 쉽게 발견할 수 있다. 이렇게 컨테이너형 건물이 많은 지역은 토지거래가 활발히 이뤄지는 곳임을 짐작할 수 있다.

2. 덤프트럭이 자주 보인다

덤프트럭 등의 중장비가 도로 위에서 자주 보인다는 것은 해당 지역에 대형공사가 이뤄지고 있다는 의미다. 반대로 개발 사업에 대한 말은 많은데, 중장비 등의 움직임은 보이지 않는다는 것은 해당 사업이 연기되었거나 좀처럼 잘 진행되지 않는다는 의미다. 중장비가 잘 보인다는 것은 긍정적인 의미로 해석해도 좋다. 인근에 산업

덤프트럭이 자주 보이면 좋다

단지 등이 조성되거나, 고속도로 등의 길이 만들어지는지 확인해보는 단서가 되기도 한다.

3. 깃발 꽂힌 곳이 자주 보이기 시작했다

어떤 대형 사업이 이뤄질 때는 기존의 토지를 활용하는 경우가 많아 지주에게 토지를 수용하는 때가 많다. 토지 위에 꽂힌 깃발은 현재 해당 토지의 개발 진행 상황을 알 수 있다. 흰색 깃발은 강제 수용된 토지를 의미하며, 노란 깃발은 토지보상 협의 중이다. 파란색 깃발은 토지보상이 진행 중이고, 보상이 완료되면 빨간색이 된다. 말뚝이 박혀 있는 곳은 토목공사가 시작되었음을 알려주는 것이다. 토지 투자를 할 때는 이런 깃발을 주의 깊게 살펴보면 도움이 된다.

**빨간색 깃발은 토지보상이 완료됐음을,
노란색 깃발은 토지보상 협의 중임을 의미한다**

이처럼 몇 가지 단서들은 토지 투자의 좋은 추리 거리가 될 수 있다. 하지만 이미 이렇게 눈에 띄게 보이는 경우에는 이미 시세에 반영이 된 경우가 많다. 실제로 당진이 큰 폭으로 오를 당시 현지인보다 외부 투자자가 더 많은 이익을 보았던 것이 대표적인 사례다. 익숙한 사람들은 큰 변화가 아니면 알아차리기 어렵기 때문이다.

따라서 단서들이 무수히 겉으로 드러날 때보다 드러나기 직전 또는 이제 막 드러나기 시작한 지역이 투자 가치가 높다. 투자의 기본 원칙이 무릎에 사서 어깨에서 팔라고 하지 않은가! 개인적으로 이러한 단서들이 앞으로 봇물 터지듯 확장될 곳 중 한 곳이 새만금이다. 새만금 토지는 아직까지 주민들이 느끼지는 못하지만, 점차 그 개발의 정도에 가속도가 붙어가고 있어 미래가치가 높다.

투자용 토지 매수 시
유의점

구입하는 목적에 따라 토지를 나눈다면 크게 투자용 토지와 귀농·귀촌할 토지로 나눠볼 수 있다. 목적이 다른 만큼 매수할 때 유의할 점도 다르다. 이 책을 읽고 있는 대부분의 독자는 투자용 토지를 찾고 있을 것이다. 토지는 투자를 한 번 잘못하면 장기간 자금이 묶일 수 있기에 실패하지 않는 투자법, 즉 성공을 위한 토지 투자 방법이 궁금할 것이다.

'투자용 토지'란 확실한 개발 호재가 있는 지역에서 그 개발 호재가 아직 지가에 100% 반영이 있기 전에 미리 가서 선점하는 것을 말한다. 투자용으로 토지를 볼 땐 그 개발지와 그 지역의 기존에 있는 중심지 주변을 봐야 한다. 개발 호재가 진행되면서 주변 지가나 중심지가 확장되기 때문이다. 중요한 점은 투자자 혼자서 언제든 건축할 수 있으며 많은 활용도를 가진 토지를 봐야 안전하며 확실하다. 그래야 추후 개발 호재가 진행된 후 더 많은 사람이 찾아 가격도 오르고 환금성이 빠르기 때문이다.

> 여기서 잠깐!
>
> 개발지나 기존 중심지 인근 토지 중 용도지역이 좋고 건폐율, 용적률이 좋은 토지들이 맹지나 농사만 지어야 하는 농림지역 토지보다 당연히 지가가 높다. 그래서 많은 기획부동산이 순진한 투자자들에게 앞으로 개발이 될 테니 상대적으로 저렴한 맹지나 지분, 농림지역 토지들을 추천한다. 많은 투자자가 이 유혹을 이기지 못하고 기획부동산의 술수에 넘어가는 경우가 많다. 하지만 맹지, 지분, 농림지역과 같이 행위를 하지 못하고 바라만 봐야 하는 토지를 매수하게 되면 추후 매도하기가 쉽지 않다. 따라서 이런 토지를 피해 매입을 검토해야 한다. 그래야 가격이 올라가기 쉽고 매도하기도 쉽기 때문이다.

실제 나는 전국을 돌며 수많은 지역을 봐왔다. 세종, 제주도, 평택 등 개발 호재가 있는 지역들조차 맹지나 지분, 농림지역 토지들은 가격상승이 미비하고 거래가 쉽지 않았다. 건축 가능하며 활용도가 좋은 토지들이 개발 호재가 진행되면서 귀한 몸이 되어 많은 지가 상승이 있었으며 환금성도 뛰어났다는 걸 명심하기 바란다.

역세권 투자에
성공하려면?

부동산 투자자라면 가장 관심 있는 부분이 바로 '역세권'이 아닌가 싶다. 투자에 가장 중요한 요소인 교통이 기본적으로 역사를 통해 해결되며, 원활한 교통망은 대규모 유동인구를 불러들이기 마련이다. 따라서 역세권은 매력적인 투자처가 아닐 수 없다. 이번 장에서는 성공하기 위한 역세권 투자에 대해 알아보자.

2020년 완공될 당진의 트리플 역세권 합덕역을 생각해보자. 역사가 신설된다는 정보에 현재 근처 토지가격은 2~3배 이상 오른 상태다. 이처럼 역세권은 황금알을 낳는 거위로 만약 지방에 역이 신설된다는 정보가 뜨면 곧바로 해당 지역의 지가가 상승하게 된다. 특히나 지방의 역세권은 서울이나 수도권 지역의 오밀조밀하게 짜인 역사와는 달리 한 역사가 그 지역의 중심상권이 되므로 호재가 많지 않은 지방에서 역세권 토지 투자는 거의 수익이 확실한 투자처라고 볼 수 있다.

어느 지역에 역세권이 생기는지 어떻게 알지?

그렇다면 역세권은 어디에 어떻게 신설되는 걸까? 보통 이러한 철도의 개발계획은 일부 민간사업을 제외하고는 거의 국가에서 진행되는 사업으로 국토부, 철도청 등에 10년 단위로 구축 계획이 공지되어 있다. 구축 계획을 통해 철도가 서는 지역 지방자치단체에서 자세한 철도 계획과 진행 상황 등을 재확인해 조금씩 좁혀나가는 것이다.

이때 해당 지역의 토지 거래가 잘 이뤄지는 지역이 등장하게 되는데, 대부분이 농림지다. 토지 투자 시 농림지는 투자 가치 측면에서는 주의해야 할 것이 많지만, 역세권 예정지라면 말이 달라진다. 역세권이 농림지 위에 만들어지는 이유는 그만큼 지가가 싸기 때문이다. 나라에서 역세권 예정지를 매입할 때 지가가 싸고 토지의 면적이 넓으며 주변에 역사가 세워지는 데에 걸림돌이 없는 지역, 즉 철도 설치에 무리가 없는 지역을 찾게 되는데 대부분 이런 요건이 채워지는 곳이 농림지다. 보통 역사가 조성되기 전 주민공람회를 통해 정확한 역사 위치가 공개되곤 하는데, 이러한 정보를 잘 얻으려면 주민공람회에 자주 참석할 필요가 있다. 이 주민공람회에서 역사의 정확한 위치뿐 아니라 역사의 정문 위치 등 자세한 역사 정보가 공표되므로 투자 시에 유용하게 활용할 수 있는 정보가 된다.

환지 방식 역세권 투자, 과연 득인지 잘 따져보자

주민공람회에 참석하는 등의 노력 끝에 중요한 정보를 얻어 역세권지역에 투자했음에도 불구하고 실패하는 경우가 많다. 고수익을 낼 수 있는 투자 방식은 함정이 많은 것에 주의해야 하는데, 이것을 생각하지 않은 경우다. 특히 역세권 투자에서 가장 주의해야 할 것은 '환지 방식'을 이용한 투자법이다.

환지 방식이란 역사 등 공공시설이 설치되거나 도시 개발에 의해 토지 구획이 변경됨에 따라 토지가 수용되는 토지주에게 보상금을 지급하는 대신 개발구역 내에 잘 조성된 토지를 주는 토지보상법이다. 보통 개발지역의 땅값이 인근 지역보다 비싸 보상금을 지급하기 어려울 때 적용한다.

공사 완료 후 종전의 토지에 갈음해 새로운 환지를 교부하고 그 과부족에 대해 금전으로 차액을 청산하게 된다. 이때, 종전의 토지 면적에 비해 환지된 면적이 감소하는 비율을 감보율이라 한다. 간혹 감보율을 환지로 돌려받는 면적으로 착각하시는 분들이 있는데 헷갈리지 말자. 만약 감보율이 45%라면, 45%만큼 감소하고 나머지 면적을 돌려준단 뜻으로, 환지로 받을 면적이 기존면적 대비 55%임을 의미한다. 감보율은 동일하게 적용되는 것이 아닌 각 필지의 위치에 따라 다르다.

$$감보율 = \frac{(종전의\ 면적-정리\ 후\ 환지받은\ 면적)}{종전의\ 면적}$$

역세권의 100평 토지를 보유하고 있고 해당 필지의 감보율이 45%라면 환지가 완료된 후 55평 땅으로 돌려받는다(이때 받은 55평을 '권리면적'이라 한다). 이를 불공평하다고 생각하는 초보 투자자들이 있는데 그렇지 않다. 역사가 들어오면서 기존 농림지가 상업지로 탈바꿈한다든지, 주거지역으로 바뀌며 토지의 신분이 상승하게 된다. 역사 등 도시개발사업이 진행되면 공원, 도로 등 여러 가지 공공시설이 설치되는데, 이에 드는 사업비를 토지 일부로 반납한다고 생각하면 환지 방식에 대한 이해가 쉬울 것이다. 기존 대비 면적이 줄었더라도 개발에 의한 지가 상승과 용적률 상승 등 땅의 가치는 몇십 배, 몇백 배 이상 오르기 때문에 환지 방식이 토지 투자에서 주목받는 이유다.

과부족금을 정산한다

내 토지가 100평일 때 권리면적이 100평인 경우는 없지만, 만약 이런 경우가 있다면 감보율이 0%라고 말한다. 권리면적이 60평인 경우는 감보율이 40%라고 생각하면 된다. 만약 권리면적이 80평인데 환지가 될 토지 중 80평에 맞는 토지가 없을 경우 어떻게 될까? 이런 경우 비슷한 면적의 토지를 환지받게 되는데, 만약 이 토지가 90평이라면 바로 이 90평이 환지면적이 된다. 이때는 권리면적보다 더 보상받은 10평에 대한 토지의 가치를 나라에 지불해야 한다 (반대로 70평을 환지받으면 10평에 대한 보상비를 지급받는다).

환지를 받을 때는 내가 직접 토지를 고를 수 있는 것이 아니라 나

여기서 잠깐!

역세권에 투자하더라도 면적을 고려해야 한다. 최소 환지면적 미만인 경우 환지를 받는 게 아닌 현금 청산을 받을 수 있다. 법에서 지정하는 최소 환지 면적은 150㎡다.

라에서 지정한 토지를 보상받는다. 이때 누군가는 큰 도로에 붙은 알토란 토지를 보상받을 수도 있고, 누군가는 역세권에서 먼 토지가 될 수도 있다. 이처럼 경우가 다름에도 불구하고 역사가 생기거나 도시개발계획이 수립되면 그 일대의 토지주는 환지 보상을 받아 무조건 수익을 거둘 수 있을까? 아래 질의응답을 통해 궁금증을 해결해보자.

질문1 : 역세권 땅 100평만 가져도 지가 상승으로 수익을 올릴 수 있나요?

답 : 절대농지였던 농업진흥구역이 상업지로 갑자기 탈바꿈된다면 당연히 상당한 지가상승을 일으키는 것은 맞습니다. 하지만 환지개발 방식으로 진행되어 토지를 돌려준다고 하더라도 상업지로 환지를 받을 수 있다는 보장이 없으며, 토지에 따라 감보율에 의해 환지 면적이 줄어들게 됩니다. 실제 모 역세권의 토지가 환지 이전 평당

200~300만 원을 호가했는데, 개발 이후 상업지가 되며 기존 농림지의 2배인 평당 600만 원이 되었으나 감보율이 50%가 적용되어 결과적으로는 본전치기가 되어버린 경우가 있습니다. 이처럼 운이 좋아 주거지나 상업지를 배정받았다 하더라도 감보율이 50~85%로 높아 본전치기 혹은 오히려 손해를 입는 경우도 있다는 사실을 염두에 두어야 합니다. 환지 방식이라고 무조건 수익을 보는 투자 방식이 아닙니다.

질문2: 역세권과의 거리가 가까운데, 나도 환지받을 수 있나요?

답 : 역세권이 생긴다고 해서 그 일대의 모든 토지가 수용된다는 보장은 없습니다. 실제로 군산 역세권은 수용개발 방식으로 환지를 기대했던 토지 투자자들에게 큰 충격으로 남아 있습니다. 그저 역세권에 붙어 있으니 신분 상승을 기대하는 사람들이 있는데 도로 하나 차이로 역세권에서 멀어지는 경우도 비일비재합니다. 이마금 내 땅만을 피해 개발이 이루어지거나 환지 방식이 아닌 다른 보상 방식이 진행될 수 있습니다. 역세권 개발계획 혹은 도시개발계획이 발표된 이후 오를 대로 오른 농림지에 투자해 큰 실패를 겪는 사람들이 이런 이유에서입니다.

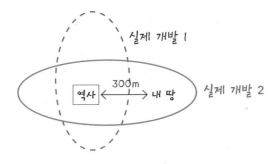

　내 땅이 역사와 300m 거리로 가깝다 하더라도 정확히 개발되는 방향이나 모양을 모르니 무조건 내 땅이 개발되는 게 아닙니다. 2의 형태로 개발되는 경우 개발지에 포함되지만 1의 형태로 개발되는 경우 개발지에 포함되지 않습니다.

Part 6

토지 고수들의 투자 비법

개발계획은
큰 틀 안에서 움직인다

국토의 개발은 선 계획, 후 개발이다. 국토종합개발계획을 필두로 광역도시계획, 도시기본계획, 도시관리계획으로 결정된다. 국토종합계획은 국토개발과 보전에 관해 종합적·장기적인 정책 방향을 설정하는 국가의 최상위 국토계획이다. 정부에서 큰 틀을 잡고 각 지자체가 그 범위 안에서 개발계획을 수립하게 되므로 국토종합계획은 우리나라 개발 방향의 지침서라고 볼 수 있다.

제1차 국토종합개발계획(1972~1981)

제2차 국토종합개발계획(1982~1991)

제3차 국토종합개발계획(1992~2001)

제4차 국토종합계획(2002~2020)

제4차 국토종합수정계획(2006~2020)

제4차 국토종합수정계획

3차 개발계획까지는 '개발'이란 단어가 쓰였지만, 환경문제와 개발이라는 단어에서 오는 이질감으로 4차부터는 국토종합계획이라는 용어를 쓰고, 기간도 20년으로 늘어났다. 또한, 기존의 개발 방향은 수도권 중심에서 이루어졌다면 4차부터는 수도권보다는 지방 개발계획에 많은 중점을 두고 있다는 점이 기존과 다르다는 것을 주목해야 한다. 또한, 모든 정책은 정부의 기본 방침 아래에 이뤄지지만 최근에는 웬만한 계획이나 안건들은 지자체에서 관리하기 때문에 세부 사항을 주목해볼 필요가 있다.

4차 국토종합계획이 불과 2~3여 년 남은 지금 주택시장이 막바지 단계에 이르고 있다. 현재 분양하는 주택은 2020여 년쯤에 입주가 대부분으로 8.2 부동산 대책이 발표되며 분양 물량이 많이 줄어들 것으로 예상한다. 2014~2015년에 밀어내기 분양을 한 탓에 입주 물량이 대거 주택시장에 등장했지만, 정부의 억제 정책으로 주택시장이 얼어붙고 있기 때문이다.

현재 전국에 SOC(정부와 공공 부문이 주도하는 모든 건축·토목공사) 사업들은 2025년쯤에 완공 계획에 있다. 고속도로, 공항, 기타 복선 전철역 등 얼마 전에 발표한 제2경부고속도로(서울~세종)도 2024년을 완공으로 추진 중이다. 조만간 2021~2040, 5차 국토종합계획이 나온다면 이에 따라서 부동산 시장이 판도가 변할 것이다. 따라서 미리미리 준비해 성공의 기쁨을 맛보도록 하자.

미리 계획한 후
개발한다

국토종합계획 아래 도시의 바람직한 미래상을 정립해 이를 시행하려는 도시계획을 수립한다. 개발 이선에 도시계획을 사전 수립함으로써 국토의 난개발을 차단하고 개발 효과의 극대화를 도모할 수 있다. 따라서 개발지역의 예측이란 도시계획의 이해부터 시작한다고 할 수 있다. 또한, 도시계획은 도시의 장래 발전 수준을 예측해 사전에 바람직한 형태를 미리 상정해두고 이에 필요한 규제나 유도정책, 혹은 정비수단 등을 통해 도시를 건전하고 적정하게 관리해나가는 도구다.

넓게 계획한다 - 광역도시계획

광역도시계획

도시계획의 수립은 먼저 2개 이상의 시·도(수도권의 경우 서울, 인천, 경기)를 대상으로 하는 광역계획권에서 장기적인 발전 방향을 제시하는 광역도시계획을 수립한다. 이에 따라 상위계획 내용을 수용해 도시의 바람직한 미래상을 제시하는 도시기본계획을 수립한다. 그 후 도시기본계획의 단계별로 발전 방향을 도시 공간에 구체화하고 실현시키는 도시관리계획을 수립하는 과정을 거쳐 법적인 구속력을 가지게 된다.

도시의 기본계획이다 - 도시기본계획

도시기본계획은 도시의 물리적 측면뿐 아니라 환경·사회·경제적인 측면을 모두 포괄해 주민 생활환경의 변화를 예측하고 대비하는 종합계획이다. 도시행정의 바탕이 되는 주요지표와 토지의 개발 및 보전, 기반시설의 확충 및 효율적인 도시관리 전략을 제시함으로써 하위계획인 도시관리계획 등 관련 계획의 기본이 된다.

도시기본계획은 장기적이고 거시적이며 추상적이고 유도적인 행정계획이다. 행정청만을 구속하며, 국민에 대해서는 구속력이 없는 비구속적 행정계획이다. 국민을 구속하지 않으므로 처분성이 없어서 행정쟁송의 대상이 되지 않는다.

투자의 바로미터다

많은 사람이 뉴스나 기삿거리를 통해 알게 되는 개발뉴스들이 실제 이 도시기본계획에 의해 방향이 설정된 사항들을 도시관리계획이라는 명칭으로 실행되는 것이다. 즉, 도시기본계획은 앞으로 어디가 개발될지, 어떻게 변해갈지 알려주는 투자의 바로미터라고 할 수 있다.

도시관리계획은 광역도시계획 및 도시기본계획에서 제시된 도시의 장기적인 발전 방향을 도시 공간에 구체화하고 실현시키는 중기계획이다. 예를 들어 개발제한구역그린벨트에서 해제되었다, 계획관리지역에서 자연녹지지역으로 바뀌었다, 도시자연공원구역으로 지정되었다… 등 이런 모든 사항이 도시관리계획으로 지징되는 것이다. 따라서 주무부 관청 홈페이지, 지자체 홈페이지를 자주 방문하면 개발계획을 눈치챌 수 있다.

부동산 투자 정보
이렇게 확인하라

부동산 재테크에 관해 공부하면 할수록 더 헷갈리고, 어떤 정보가 진짜 정보인지 잘 모르겠다고 말하는 사람들이 있다. 다시 말하면 '감은 잡히는데, 정확히는 모르겠다'라는 것으로 해석된다. 하지만 이 정도까지 알게 되었다는 것에 우선 칭찬의 말을 해주고 싶다. 어쨌거나 공부를 했다는 의미이기 때문이다. 단, 어렵다고 이해하기 힘들다고 여기서 포기한다면 안 하느니만 못하다. 어설프게 알게 된 지식은 자칫 실수로 이어질 수 있다.

그렇다면 부동산 재테크를 할 때 어떤 정보가 신뢰할 만한 것인지 스스로 파악하려면 어떻게 해야 할까?

첫째, 우선 사업 시행사를 찾아보자.

'택지지구 개발 확정!' 같은 자극적인 문구로 수요자의 마음을 설레게 하는 경우가 있다. 물론, 신도시 개발은 토지 투자 시 상당한 미래가치를 몰고 오는 호재다. 그런데 신도시라고 생각하고 덜컥 구입하고 보니 택지지구가 별로 크지 않다든지, 위치나 거리가 교통편이 좋지 않은 경우가 있다. 이런 식의 광고를 할 때는 먼저 사업시행자를 알아보는 것도 방법이다. 인터넷에 검색만으로도 사업시행자가 민영인지, 지자체인지를 확인할 수 있다. 예를 들어 남양주의 '다산 신도시 사업'은 경기도시공사가 사업시행자이며, '세종특별시 사업'은 중앙정부 기관이 진행한 국책사업이다.

둘째, 국토부 및 지자체 홈페이지에서는 국가 개발계획과 지자체의 개발계획 구상을 공개하고 있다.

국토부의 정책자료실에서는 국토 도시, 주택토지에 관련한 개발계획이나 진행 상황을 알 수 있다. 지자체의 경우에는 수요시책 등에서 종합계획과 개발계획, 짧게는 해당 연도의 주요업무계획을 개시해놓았기에 관심이 있는 지역이라면 눈여겨보는 것도 중요하다. 지자체에서 공시하는 보도자료는 현재 진행 상황과 개발 의지를 볼 수 있는 사항이므로 늘 꼼꼼하게 체크하는 것이 좋다.

셋째, 해당 사업의 홈페이지의 주소가 'or.kr', 'go.kr'인지 먼저 확인하자.

사이트 주소가 'or.kr'인 경우는 비영리 목적의 기관이나 단체의 주소이고, 'go.kr'는 정부 관련 기관이라는 의미이기 때문에 다른 정보에 비해 확실한 내용만 담아놓는 경우가 많다. 또한, 해당 내용에 관련해 해당 부처에 문의해보면 좀 더 정확한 상황을 알 수 있다. 단, 해당 부처에서는 언론 등에 '확정'으로 공시된 사항만 정확하게 말해줌으로써, 승인되지 않은 계획단계의 일에 대해서는 원하는 대답을 듣기 힘들 수도 있다.

가깝지만 비싼 땅 VS
조금 멀지만 싼 땅

토지 투자에서 건축 유무와 용도 지역도 중요하겠지만, 토지라는 것이 움직일 수 없는 자산이기 때문에 위치도 중요하게 생각해야 한다. 투자 유망 지역은 우선 기본적으로 산업단지와 신도시, 관광지, 새로 생기는 IC등의 개발지 주변일 것이다. 전국을 돌며 많은 개발 호재를 봤지만, 가장 인기가 있는 곳들은 역시 각 개발지의 바로 주변이다. 산업단지나 IC 등이라면 산업단지에 들어가지 못한 공장들이나 하청업체들이 공장 부지나 창고 부지를 찾을 것이다. 이렇게 사람이 모이게 되면 하나둘 음식점과 상가들이 형성된다. 신도시나 관광지 주변도 주택, 원룸, 음식점, 펜션 등의 부지가 인기가 있다.

개발 호재로 인해 사람들이 많아지면 그 개발지뿐만이 아닌 기존 상권과 주거지의 중심지 쪽으로도 인구 유입이 증가된다. 이로 인해 중심지가 확장되므로 개발지뿐만 아니라 기존 중심지 주변도 눈여겨 봐야 한다. 즉, 대부분의 사람이 개발지 인근을 선호하겠지만 꼭 개발지 인근만을 볼 필요는 없다는 것이다. 개발지 인근의 토지들은 지가가 높은 대신 추후 많이 오를 것이고, 개발지에서 어느 정도 거리가 있는 토지들은 상대적으로 저렴한 투자금으로 접근이 가능하고 개발지 인근보다는 느리지만 차츰 지가가 상승하게 된다.

우리는 투자자다. 투자자의 관점에서 볼 때 수익률만 같다면 오히려 개발지 인근의 비싼 한 필지에 투자하는 것보다 어느 정도 거리가 있는 저평가된 토지에 분산 투자하는 것이 더 효율적일 수 있다. 단, 거리가 너무 멀어지면 가격 상승이나 추후 매도가 어려워질 수 있다. 개발 호재의 규모가 매우 큰 경우에는 최대 10km까지는 투자할 만하지만, 만약 개발 호재가 작으면 적어도 1~3km 이내의 토지에 투자하는 것이 바람직하다.

밥까지 떠먹여주길 바라면
늦는다

"좋은 정보가 있으면 알려 주세요",

"확실한 정보기 없어서 부자하기가 꺼려져요. "

회원들을 만나다 보면 이렇게 묻는 경우가 많다. 참 많은 사람이 부동산 투자 정보를 원하고, 찾고 있다. 그날 나는 정말 많은 부동산 투자 정보를 주었다고 생각하는데도 말이다.

'엥? 정보를 줬다고?'

세미나를 들었던 이들 중에는 이런 생각을 하는 사람이 있을 것이다. 이런 생각을 하게 되는 이유는 그들이 생각하는 부동산 투자 정보란 정확한 위치를 짚어주는 것이라 여기기 때문이다. 마치 '서울특별시 용산구 동자동 43-205에 역사가 생긴다'라고 말해주길 기다리는 사람처럼 말이다. 물론, 정확한 지번을 알아서 'ㅇㅇ동에 대형 산업단지가 들어올 거야'라는 초고급 정보를 얻는 사람도 존재한다. 하지만 현실적으로 우리 같은 일반 사람들이 그 정확한 지번까지 알아낼 수 있을까? 우리의 현실은 그런 무수한 정보를 조합해 양질의 정보로 정리하는 일이다. 그 정보의 근원이 어디서 시작되었는지를 파악하는 일이다.

그래서 나는 부동산 투자 정보의 제공처가 국가기관일 때 가장 신뢰하는 편이다. 기업과 군, 시 정도의 사업은 언제든 엎어질 수 있다. 사업의 큰 틀은 국가정책에서 찾고, 개발속도와 움직임은 지역 내에서 세부적으로 찾는다. 예를 들어 국가에서 '국가 철도망 계획'을 발표했다고 하자. 이때 국가 철도 계획은 국책사업으로 어떤 곳에 역사가 생길 것인지 대략적인 지역을 알 수 있다. 이때부터는 예상지역을 살피면서 가장 가능성이 큰 위치를 탐색하는 것이다. 아마 그 윤곽이 서서히 잡혀나갈 때쯤에는 세부적으로 지자체에서 후보지 검토가 이뤄졌을 것이다. 우리의 할 일은 그런 지자체의 움직임을 재빨리 살펴보는 것이다. 그리고 정말 중요한 정보는 언론 등에 노출되기 전 토지보상으로 잔뜩 실랑이가 있을 해당 지역에서 나타날 것이라는 점이다.

　이처럼 소액 투자의 성패는 그 정보를 얼마나 빨리 조합하느냐에
있다. 그 누구도 잘 차려진 밥상을 숟가락 위에 반찬까지 얹어 떠먹
여 주지 않는다. 소소한 정보를 단순히 '그렇구나' 하고 지나치지 말
고 '왜 이런 정보가 도는 것이지?'를 고민해보자. 냄새가 많은 곳에
는 파리도 들끓지만 그런 파리가 끓는 이유도 반드시 존재한다.

가장 중요한 매도와
매수 시점

토지 투자에서 투자용 부동산과 본인이 이용할 부동산은 반드시 차이를 두어야 한다. 내가 이용할 부동산은 나만 좋다면 사막이나 심심산천 골짜기라도 괜찮다. 하지만 투자를 목적으로 하는 부동산은 대중적이어야 한다. 부동산의 가치는 수요에 비례하기 때문에 투자할 때는 반드시 팔 때를 염두에 둬야 한다. 이때, 팔 때를 염두에 둔다는 것은 이용하는 사람의 입장으로 생각하란 뜻이다.

예를 들어 현재는 교통이 불편해서 토지 투자 가치가 적지만, 교통문제만 해결되면 좋을 것 같다는 의견이 지배적이라면 토지 투자 가치가 있는 토지다. 그리고 교통문제가 해결되는 시점이 토지의 처분 시점이 되는 셈이다. 이런 곳은 지금은 한적한 시골 동네에 지나지 않지만, 없던 길이 개통되고 교통왕래가 잦아지면 곧 각종 산업시설과 기업의 공업단지가 들어서 인구 증가로 땅값이 치솟게 될 곳이기 때문이다. 이미 발표된 개발계획지에 투자하는 것은 이미 많은 사람이 정보를 알고 있기 때문에 남들보다 한두 발 늦을 수는 있으나, 그 파급효과를 정확하게 파악한다면 좋은 투자 입지를 선정할 수 있다.

멀지 않은 과거를 예를 보자. 영종도에 국제공항이 들어서는 것을 지켜본 발 빠른 투자자들은 김포지역에 투자했다. 공항 배후 지역에 도시가 들어서는 것은 당연한 일이라고 예측했기 때문이다. 또 다른 투자자들은 김포와 강화를 잇는 강화교가 완공되기 이전에 강화에 투자를 시작했다. 김포가 신도시로 되면서 투자 수익이 4~5배 이상 높아졌고, 강화지역은 주5일 근무제가 시행되면서 펜션과 전원주택으로 땅값이 크게 상승했다.

남보다 한 템포 빨리 알려면…

토지 투자에서 매입과 매도 타이밍은 가장 중요하지만, 어쩌면 가장 어려운 것일 수 있다. 남들보다 한발 앞서 저평가된 토지를 매입하고 가시화됐을 때 매도하는 것이 바람직하지만 현실은 그리 쉽지 않기 때문이다. 그럼 남보다 한 템포 빨리 아는 방법은 뭘까?

바로 홈페이지를 예의주시하는 것이다. 국가나 지자체에서 개발 계획을 표현하기 때문이다. 토지 매입과 토지 매도의 시기를 알기 위해서는 토지의 개발계획을 잘 알고 있어야 한다. 토지의 개발계획은 국토부에서 국토종합계획으로 큰 그림을 그린다. 이 국토종합계획에는 도로계획, 신도시계획 등 규모가 큰 계획 등이 그려져 대개 5년, 10년 단위로 계획이 수정된다. 이후 이 국토종합계획을 기준으로 광역도시개발계획과 시도종합개발계획, 시군도시기본계획으로 점차 세분화된다고 할 수 있다. 관심이 있는 지역에 이런 계획을 차례대로 따라가 큰 그림에서 세밀한 내용 전반을 모두 그려보면 현 사업의 진척도를 가늠할 수 있어 적절한 매도·매수 시기를 알 수 있다.

적극적인 사람이 토지 투자에 성공한다

이처럼 토지 투자는 본인의 적극성 여부에 따라 성패가 나뉜다. 감이 익기를 예의주시하며 감나무를 지켜보는 사람과 까치밥으로 남겨놓은 감 하나가 떨어지는 것을 보고서야 비로소 '감이 익었구나'라고 안 사람 중 누가 많은 감을 먹을지는 뻔하다. 무관심이냐 적극적이냐에 따라서 그 사람의 성공 여부가 달라진다. 또한, 토지 투자는 언론 플레이에 너무 휩쓸리지 않고, 느긋하게 기다릴 줄 알아야 한다. 진정한 토지 투자자라면 신문 보도 자료나 방송의 뉴스 등에 연연하지 말고 소신대로 투자하는 것이 중요하다. 많은 투자자가 소신 없는 투자를 했다가 큰 낭패를 보기 때문이다. 원래 부동산 중에 특히 '토지'는 정부에서 그리 곱게 보지 않는 대상이기 때문에 조금만 들썩이는 기류가 돌기라도 한다면 마치 단합을 한 것처럼 모든 방송과 신문들은 일제히 포화를 쏟아낸다. 따라서 단순히 신문 몇 글자, 뉴스 한 컷에 부화뇌동해 땅을 팔아버린다면 훗날 아쉽기 그지없을 것이다.

토지 투자는 인내와 소신 그리고 결정, 이 3가지로 이뤄진다는 것을 알아야 한다. 이미 샀다면 후회하지 말고 일정 기간 인내를 가지고 기다리는 자세가 토지 투자에 필요하다.

훌륭한 토지 투자 매도·매수 시기

첫 번째, 개발계획을 발표하는 시점이다. 대대적인 발표가 이루어지면 평소 관심이 없던 사람들까지도 해당 부동산을 많이 찾게 되니 자연히 토지 시세는 점차 올라가게 된다.

두 번째, 개발공사가 시작되는 시점이다. 착공이 시작된다면 눈으로 보이는 것이기 때문에 일반 투자자들과 현지인들이 체감하고 해당 토지를 소유하고자 하는 이들로 인해 지가는 다시 오르게 된다.

세 번째, 모든 사업이 완공된 시점이다. 완공 후 인구유입이 되고 상권이 발달하면 주변 토지의 쓰임새가 커질 수 있기 때문이다.

대부분의 초보자들은 살 때만 생각하지 팔 때를 생각하지 못하는데 그 이유는 저렴하고 평수가 큰 토지가 수익이 많이 날 것이라 생각하기 때문이다. 하지만 그런 땅은 대부분 개발지에서 멀리 떨어져 있거나 도로와 용도지역이 좋지 않고 혐오시설이 있는 경우가 많기 때문에 추후 매도하기가 쉽지 않다. 이처럼 토지 투자는 살 때도 중요하지만, 팔 때를 생각하는 것 역시 중요하다.

보내줄 때는
과감히 보내줘라

보내줘야 할 때를 아는 것만큼 훌륭한 이별은 없다. 혹여 떠나간 사람을 떠올리게 하는가? 다소 감상에 빠진 이야기처럼 느껴질 수 있지만, 이는 토지 투자 후 이별해야 할 때를 이야기하는 것이다. 인연이라는 것이 그렇듯 토지 역시 인연이 닿아야 비로소 내 것이 될 수 있다. 토지 투자가 사람과의 인연과 다른 한 점이 있다면 떠나보냄으로써 나에게 이득이 돼야 한다는 점이다. 그렇다면 토지 투자 후 훌륭한 이별의 시기는 어떤 것일까?

1. 목표에 도달한 순간 이별하자

너무 큰 욕심을 버려라. 욕심은 결국 내 발목을 잡을 뿐이다. 나도 사람인지라 언제나 '조금 더'를 생각하기 마련이다. 실제로 내가 투자한 토지의 지가가 목표치만큼 올랐을 때 드는 생각은 '더 오르지 않을까?' 하는 생각이다. 하지만 이 순간이 바로 이별해야 하는 순간인지도 모른다. 혹시 모를 미련 때문에 부여잡고 있으면 마지막은 생각보다 아름답지 않다. 목표한 금액에 다다랐을 때 과감하게 이별을 고하라.

2. 잘못된 선택을 인정하라

잘못되어가고 있는 걸 알면서도 놓지 못하는 경우다. 분명 처음부터 잘못된 선택이라는 것을 알면서도, 그것을 인정하지 않는 것이다. 예를 들면 너무 비싸게 산 토지의 본전을 뽑기 위해 하염없이 가지고만 있는 경우가 있다. 그곳이 아주 오랜 시간이 흘러 개발 가능성이 있는 토지라면 상관없지만, 그렇지 않은 경우가 많다. 그럴 때는 과감하게 이별하고 새로운 인연을 찾는 것이 좋다.

3. 방치할 것이라면 보내줘라

토지 투자 역시 사람과 함께 살뜰히 관리하고 챙겨줄 때 그 가능성이 커지는 법이다. 관리되지 않은 땅은 남 보기에도 딱 그 정도의 땅일 뿐이다. 내 새끼처럼 모난 곳은 보듬어주고, 주변 환경을 정돈해주었을 때 누구라도 탐나는 토지가 될 수 있다. 기껏 투자해놓고서는 방치만 해놓을 생각이라면 애초에 투자할 이유가 없다는 것을 기억하라.

소중한 내 땅 투자,
지분 투자해도 될까?

땅 투자가 얼마나 설레는 일인지 단 한 줄로는 표현하기가 어렵다. 내가 처음 땅 투자를 했을 때 별별 의심과 두려움으로 가득했다. 겨우 종이 한 장으로 이뤄지는 거래, 계약금을 넣는 그 행위 자체가 생각보다 너무 쉬워 두려움이 잊었다.

"토지를 지분으로 사려고 해요. 괜찮은가요?"

정말 많은 사람들이 하는 질문이다. 땅 투자 시 가장 많이 신경 쓰이는 부분이 투자금이다. 적은 투자금으로 좋은 땅에 투자하고 싶은 마음은 누구나 같다. 개별 필지는 최소 면적이 제한되어 있고 좋은 입지에 있을수록 부르는 것이 값이다 보니 투자할 엄두조차 나지 않는 것이 현실이다. 하지만 지분 투자로 진행하면 소액 투자로 괜찮은 지역에 투자할 기회로 작용할 수 있다. 지분 투자는 필지 분할과 달리 전체 토지의 몇 %로 투자가 가능하기에 자신의 경제 능력에 따라 작게도 투자할 수 있다. 그래서 많은 이들이 지분 투자를 알아보는 것도 잘 알고 있다. 이때, 친구나 가족 또는 생판 모르는 사람들과 지분 투자를 맞이하게 될 가능성이 크다. 지분 투자는 잘만 하면 좋은 기회에 소액으로 투자를 할 수 있지만, 단점도 존재한다.

첫째, 실제 지분 투자로 가치 높은 토지를 찾기가 너무나 힘들다는 것이다.

둘째, 개별 필지가 가능한 땅임에도 자칫 악질 기획부동산에 의해 쓸데없이 많은 돈을 들여 지분을 얻게 되는 경우가 있다.

셋째, 지분 투자를 하게 되면 내 땅의 경계가 없으니 누구의 땅인지 확정 지을 수 없다. 개별 지분등기가 나와 팔 수는 있다고 하더라도 개발 시 발목이 잡힐 수 있다.

토지 지분 투자가 나쁜 것은 아니지만 이렇듯 세세하게 따져봐야 할 부분이 많다 보니 아직 잘 모르는 왕초보들은 조심하라는 것이다. 지분 투자는 좋은 취지와 다르게 결말이 좋지 않은 경우가 많다. 마음이 맞는 사람들끼리 적은 금액으로 투자를 하고 어느 정도 수익이 나면 매도해서 수익을 낼 수 있다면 아주 좋다. 하지만 처음에 의기투합할 때와는 달리 시간이 지날수록 각자 생활과 생각이 달라질 수 있으므로 나중에는 서로 생각이 맞지 않아 매도를 못 하게 되는 경우가 발생한다.

지분 투자는 5명 미만으로, 원하는 목표를 정해라

기획부동산에 속아 토지 투자를 한 사람들이 놀라는 것은 한 토지에 많으면 100명이 넘는 공동지주의 이름을 보고 난 직후일지도 모른다. 필지 분할은 최소 면적이 필요하지만, 지분분할은 몇 명이든 추가될 수 있다. 하지만 무언가 해보려고 마음을 먹어도 그 많은 공동지주들에게 동의를 받기란 참으로 힘든 일이 될 수밖에 없다. 나는 이를 방지하기 위해 지분 투자 시 최대 5명의 인원이 넘지 않는 선에서 투자를 하길 바라는 바다. 적어도 문제가 생겼을 때 한 사람씩 찾아갈 수 있을 정도는 될 수 있으니 말이다.

지분 투자의 위험을 줄이는 방법은 믿을 만한 리더를 세우는 것이다. 그 리더가 전문가일수록 그 모임의 투자는 원하는 목표를 얻을 수 있게 될 것이다. 그 후 리더를 중심으로 공동이 합의하고 투자 기간을 정해 어떤 시기가 되면 무조건 판다는 등의 조항을 넣거나, 구체적인 목표 수익률을 정하고 그 수익률이 발생했을 때 토지를 되파는 것이 가장 현명한 방법이다. 리더는 현실적인 입지분석과 앞으로의 동향을 분석할 줄 아는 사람이 좋다. 그래야 적정수익률을 결정하고 이후 목표수정이 가능하기 때문이다. 또한, 공동의 합의하에 설정된 목표가 발생했을 때는 군말 없이 따른다는 조항 등을 지킬 수 있는 사람들과 공동 투자를 진행하는 것이 좋다.

하지만 이런 조항을 적었다고 모든 문제가 원천봉쇄된 것은 아니다. 대표자 한 명을 만들거나 지분권자들이 조항을 적었다고 능사는 아니기 때문이다. "투자하고 3년 후 시세에 맞게 무조건 매도하기로 한다고 공증을 받아놓으면 괜찮지 않나요?"라고 하는 사람들도 있지만, 공증을 받아놓는다고 모든 것이 해결되는 게 아니다. 시간이 지나서 서로 연락이 안 되거나 생각이 달라져서 공유물분할청구소송이 들어오는 등 골치 아픈 경우가 생길 가능성이 있다.

지분 투자보다
분할 투자가 좋다

앞서 말한 것처럼 지분 투자는 좋은 취지에 반해 수익을 내기 전까지 지분권자들의 마음이 언제든 달라질 수 있기에 결과를 장담할 수 없다는 단점이 있다. 또한, 지분등기는 언제든지 지분만큼 매수나 매도를 할 수 있지만, 그 지분만큼만 필요로 하는 사람이 별로 없기에 매도가 쉽지 않다는 점이 문제다. 전체 소유권이 아닌 지분이기에 그 땅에 아무 일도 할 수 없기 때문이다.

이처럼 소액으로 투자할 수 있다는 장점에 비해 추후 여러 가지 분쟁이 안고 있는 지분 투자. 따라서 진정한 소액 투자를 원한다면 지분 투자가 아닌 분할 투자를 해야 한다. 분할 투자란 면적이 큰 하나의 토지를 여럿이 자금을 합해 사들인 후 나누는 공동 투자를 말한다. 지분 투자는 1/n로 소유권이 등재되어 다 같이 공동 소유하는 의미인 대신, 분할 투자는 원래 토지를 1/n로 분할한 후 투자자 이름으로 등기를 하는 것이다. 즉, 내 땅의 경계와 위치, 면적이 정확히 등록되는 방식이 분할 투자다.

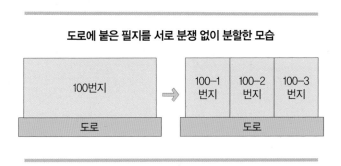

도로에 붙은 필지를 서로 분쟁 없이 분할한 모습

이 사진처럼 도로에 이쁘게 붙은 토지들을 서로 분쟁 없이 분할해서 작은 토지 한 필지씩 투자하는 방법이다. 이 방법은 추후에도 분쟁이 발생하지 않아 소액으로 투자할 수 있는 가장 좋은 방법이다.

하지만 모든 땅의 분할이 가능한 것은 아니다. 개발 호재에 의해 많은 사람이 몰리면 지역마다 토지 분할에 대한 제한을 걸 수도 있다. 예를 들어 제주도는 토지의 최소분할 면적을 400㎡로 제한했다. 농지나 임야 등은 분할되는 필지의 토지가 2,000㎡ 이상이 되지 않는다면 1년에 한 번만 분할이 가능하다. 평택은 한 번에 4필지

이상 분할을 하지 못하게 제한했고, 새만금 부안은 비도시지역에서 토지와 도로 사이에 구거가 있다면 분할을 못 하는 조례가 생겼다.

그러므로 지역마다 사람들이 많이 몰리기 전에 도로에 예쁘게 붙은 큰 필지에 투자해서 미리 분할해놓는 것이 좋은 방법이다.

Part 7

싸게 사고
비싸게 파는 법

토지 시세
알아보는 법

　이 책을 읽는 독자들이나, 지금도 토지에 관한 공부를 하는 사람들에게는 쉽고 간단한 투자 노하우가 제일일 것이다. 세미나나 오프라인 현장 답사, 온라인 카페에서 많이 듣는 질문 중 하나가 바로 "적정한 토지 시세는 어떻게 알아봅니까?"라는 질문이다. 이 질문에 대한 답을 풀어보자.

　토지 투자 실패 요인 중 하나가 바로 시세를 제대로 몰라 거품 낀 가격에 투자했기 때문이다. 포털 사이트에서 티셔츠 한 장을 구매할 때도 가격 비교를 하고 구입하는데, 생각 외로 몇천만 원, 몇억 원이 드는 토지 투자를 할 때는 비교조차 해보지 않고 한 사람의 말만 믿고 투자하는 경우가 많다. 무조건 부동산에 전화해 물어보는 것만이 능사는 아니다. 그럼 어떻게 정확한 토지가격을 알아볼 수 있을까?

우선, 다른 부동산에 전화를 걸거나 방문해 내가 투자하려는 땅의 지목과 용도를 기준으로 해서 구입자 입장에서 비슷한 토지의 시세를 찾아본다. 비슷한 입지에 있는 같은 지목, 용도의 토지가 얼마인가를 2곳 이상만 알아보아도 조금 시세에 대한 감이 잡히기 마련이다.

그리고 다시 매도자 입장에서 가격을 알아보도록 하자. 매도자 입장이 되면 중개업소는 당연히 최대한 가격을 깎으려 하므로 매수인 입장에서 조사한 가격이 조금 더 비싼 시세가 조성되어 있음을 느

여기서 잠깐!

매도자는 매수인 입장일 때의 시세를 알아봐야 하며, 반대로 매수인은 매도인 입장일 때의 시세를 알아보는 것이 좋다. 그리고 투자자들이 조금 더 좋은 땅을 사고 싶거나, 좋은 조건에 토지를 팔고 싶다면 공인중개사에게 법정 수수료 외에 조금 더 성의 표현을 해보는 것이다. 수수료가 좀 들더라도 오히려 싸고, 투자 가치 높은 땅을 그들이 모아 전해줄 것이다.

끼게 될 것이다. 따라서 그 중간값이 시세라고 생각한 뒤에 토지 시세를 추려본다면 토지를 너무 비싸게 사는 불상사는 막을 수 있다.

또한, 인근에 경매나 공매 낙찰가를 통해 비슷한 토지가 얼마에 거래되었는지, 낙찰률은 얼마인지 확인해보면 대략적인 가격을 유추해볼 수 있다. 경·공매가 아닌 실거래 시세 위주로 살펴본다면 국토부에서 시행하는 실거래가 서비스를 찾아보면 어느 정도 알 수 있다. 해당 지번까지 정확히 나오지는 않지만, 지역의 어떤 지목과 용도의 토지가 얼마에 거래되었는지 기록되어 있으니 말이다. 물론 정확한 시세는 아니지만, 어느 정도의 기준만 잡더라도 거품이 낀 토지와 그렇지 않은 토지를 구별할 수 있다.

국토부 실거래가 공개시스템

싸게 샀다는
기준이 뭐야?

　땅에 관심이 많은 사람은 내가 얼마나 좋은 땅을 샀는지, 얼마나 싸게 샀는지가 가장 궁금할 것이다. 얼마 전 모임에서도 이와 비슷한 일이 있었다.

　"새만금사업이 유망하다고 해서 사업지 근처에 땅을 하나 사려고 합니다. 평당 60만 원 정도에 사려고 하는데 싼 건가요?"

　그러자 그 옆에 있던 다른 분이 이야기했다.

"아, 비싸네! 나도 그 새만금에 토지 투자를 했는데, 평당 20만 원에 샀어."

그분이 의기양양하게 답하자, 곧바로 그 땅에 관한 이야기로 주제가 흘러갔다. 자, 여기서 문제를 내겠다. 이들의 대화는 무엇이 잘못되었을까?

새만금 개발은 최근 들어 토지 투자자들 사이에서 화제다. 새만금의 동서통합도로가 착공됨에 따라 내부개발이 본격화되기 시작했고, 새만금 산업단지 내 입주기업들이 공장 시험 운전 등을 가동하기 시작했다. 또, 새만금특별법 개정안이 국회를 통과함에 따라 새만금의 위상이 예전과는 전혀 다르다. 뭘 좀 아는 토지 투자자들이 새만금 투자에 관심을 보이는 것은 자연스러운 현상이다. 그러나 문제는 토지 투자가 '어떤 땅을 사느냐'보다 '얼마나 싸게 샀느냐'로 초점이 맞춰져 있다는 점이다.

토지 투자 시 중요한 점은 '투자를 해야 할 땅'과 '하지 말아야 할 땅'이 있을 뿐이다. 아무리 비싸도 앞으로 오를 가치가 있는 땅이라면 하는 게 맞다. 주변이 30만 원이고, 지금 눈앞의 땅이 60만 원이더라도 먼 훗날 120만 원이 된다 하면 투자하는 게 맞다. 그러나 주변의 땅이 30만 원이고 내가 사려는 땅이 1만 원이라도 오를 리가 없는 땅이라면 먼 훗날에도 여전히 1만 원 땅일 뿐이다. 단순 싸다는 의미에 너무 연연해하지 말자. 내 능력에 맞춰 가장 가치 있는 땅에 투자하는 것이 투자의 기본이다. 이제부터 '얼마에 사야 하나?'가 아닌, '얼마나 가치가 있느냐?'로 질문하는 법을 배워야 한다.

시골 토지 투자 시
이장님을 공략하라

소액 투자를 하든, 혹은 미래가치가 높은 토지에 투자하든, 귀농용 토지를 찾든 대부분의 토지 투자자들이 만나게 되는 것은 시골 토지다. 시골 토지는 토지 중에서도 가장 시세가 낮은 편이고, 개발 호재에 따라 미래가치가 높기도 하며, 귀농 인구가 늘어남에 따라 인기가 많아지고 있다. 그런데 이 시골 토지 투자를 하는 여러 방법 중에는 '이장님 파워'를 이용하는 방법이 있다는 것을 아는가? 실제로 시골 일손을 도우며 얻는 정보는 생각보다 고급정보인 경우도 있고, 누구보다 빨리 소액으로 나온 땅을 선수 치는 방법이 되기 때문이다.

이장의 파워는 우리의 상상을 초월하기도 한다. 땅 매도를 지지부진 끌고 있는 지주에게 이장이 으름장을 놓으며 '재지 말고 그냥 팔아라'라는 한 마디에 입지 좋은 땅을 얻게 된 경우도 있었다.

가끔 영화에서 보면 이장이 읍내의 경찰서장과 은행장들이 발 벗고 뛰어나올 정도의 권력을 행사하는 것처럼 묘사되기도 한다. 영화의 극적인 재미를 위한 것처럼 보일 수도 있으나 일부 시골 지역에서는 이장의 그 권위가 매우 막강하다. 그 시골의 가구 수가 적고 오랜 결속력을 다지고 있는 지역이라면 더욱 그러하다.

만약 내가 간절히 원하는 지역이 있다면 해당 지역을 자주 방문하며 이장님의 말벗을 해보는 것으로 시작하는 것이 좋다. 처음에는 '이상한 외지인일세'라며 잔뜩 경계하더라도 사람이 자주 얼굴을 들이밀면 그간 얕은 정이라도 쌓이기 마련이다. 어느 정도 그 노력이 이장에게 닿을 때쯤에는 넌지시 어느 집에 누가 급전이 필요해 토지를 급매를 내놓는지 찔러줄 수 있다.

특히, 귀농이나 귀촌을 준비하는 사람이라면 원하는 마을의 이장과 가장 먼저 얼굴을 익혀야 할 것이다. 시골인심이 아무리 후하다고 하더라도 그것은 그들의 공동체 안에서의 일이다. 외지인에 대한 경계가 가장 높은 곳 역시 시골이다. 이장의 일손을 도우며 얼굴도 익히고, 농사방법이나 귀촌에 대한 기본지식을 알아가는 것만으로도 지자체에서 운영하는 귀촌 교육만큼 유익하다. 교육비 겸, 술값 겸 얼굴을 트고 말을 트다 보면 깨알 같은 개발정보 등도 조금씩 얻게 될 것이다.

단, 간혹 개발 호재가 있는 지역의 이장님들은 마을 사람들에게 토지를 받아서 부동산 사무소에 합법적이지 않은 관례상의 대가를 받고 넘기는 분들도 있기에 주의해야 할 것이다. 자신이 아는 만큼 보인다고 무작정 들이대는 것은 오히려 역효과가 날 수 있다는 점을 잊지 말자. 나의 무지를 역이용당해 손해를 보는 경우가 너무나 많으니 옥석을 고르는 눈과 정보를 걸러낼 줄 아는 귀를 가진 이에게 언제나 행운은 찾아오게 될 것이다.

좋은 토지를 만나고 싶다면
비교하라

세미나를 하거나, 답사를 하다 보면 정말로 많은 회원이 '이 땅 좋은가요?', '좋은 땅 좀 알려 주세요'라고 말한다. 하지만 나는 선뜻 대답할 수가 없다. 왜일까? 바로 비교할 대상이 없기 때문이다.

예를 들어 한 회원이 나에게 이렇게 물었다. "평택에 땅을 사려고 하는 데 좋은가요? 평당 70만 원이에요." 정말 이런 질문을 받으면 난감하다. 어디에, 어떤 용도지역인지 알려주지도 않고 '평택'과 '시세'만 알려주면 그 누구도 알 수가 없다. 정말 좋은 토지인지를 비교하고 싶다면 비교를 할 대상이 필요하다. 적어도 자신이 좋다고 생각한 토지를 2가지 정도 가져와 각자의 장단점을 비교하는 것이 가장 좋다. 토지는 면적이 얼마고, 무엇을 지을 수 있는지, 얼마에 매수가 가능하며, 어디에 위치하는지를 비교해야 토지의 가치를 판단할 수 있기 때문이다. 더불어 자신이 어떤 목적을 두고 토지 투자를 하려는지도 명확해야 한다.

따라서 정말 좋은 토지를 만나고 싶다면 적어도 비교 대상을 하나쯤 가지고 있어야 한다. 또한, 정말 좋은 토지를 소개받고 싶다면, 자신이 어떤 목적과 시간을 두고 투자할 것인지를 명확하게 하라. 그래야 80%는 자신이 원하는 토지 투자와 흡사한 토지를 만날 수 있을 테니 말이다.

유명한 지역의 땅도 팔지 못하면 꽝이다

토지 투자 시 지역 선정 방법은 '이미 유명한 지역'에 투자하는 경우와 저평가되어 비교적 싼 지역에 투자하는 2가지이다. 각 지역은 모두 장단점이 있다. 제대로 된 땅에 투자한다는 전제로 세종시, 평택, 제주도와 같이 이미 유명한 지역에 투자하는 경우 꽤 수익이 빨리 나올 수 있다는 점이 장점이다. 단점은 초기 투자 금액이 높다는 점이다. 반면, 저평가된 지역의 토지에 투자하는 경우 투자금은 적을 수 있으나, 수익이 발생하는 데 시간이 상대적으로 길 수 있다.

이런 점에서 보았을 때 당진 토지는 과거 저평가된 지역이었다가 최근에 유명 토지 투자 지역으로 입소문을 타는 중이다. 부안 토지도 새만금사업 자체가 속도감이 붙으며 조금씩 알려졌다. 그러나 이렇게 토지시장에서 두각을 보이는 당진 토지, 부안 토지라고 하더라도 팔지 못하면 투자는 꽝이 된다.

토지 투자를 마음먹으면 보통 유명하거나 입소문을 탄 지역부터 현장 답사를 간다. 그리고 이내 사고 싶은 생각이 든다. 이때, 시세 파악이 중요하다. 우리가 파악하게 되는 시세라는 것은 정해진 것이 없고 대략적인 시세만 존재한다. 즉, 땅값은 지주 마음이라는 것이다. 그런데도 그 땅이 갖고 싶다면, 그 값을 지불해야 한다. 그렇게 해서라도 구입한 땅이 아무리 좋아 보여도, 내 눈에만 좋아 보이면 안 된다.

예를 들어 너무나 좋아 보이는 땅이어서 몇만 평이나 되는 당진 토지를 샀다고 해보자. 혹은 3억 원 이상 되는 부안 토지를 사게 된 경우를 생각해보자. 누구나 되팔 때는 구입한 가격 이상을 받으려 할 것이다. 그러나 실상은 그 큰 토지를 한 번에 살 사람도, 3억 원 이상 되는 토지를 한 번에 살 사람의 수요가 많지 않다는 점이다. 운이 좋아 가지고 있는 땅의 지가가 올랐다 하더라도, 팔아야 하는 처지에 있다면 땅값을 내려 팔기가 쉽다. 즉, 지가는 올라도 나는 내려 팔기 때문에 손해를 보는 셈이다.

따라서 아무리 유명하고, 입소문을 타는 토지라고 하더라도 가능한 많은 수요가 있는 층을 공략하는 것이 좋다. 한 번에 큰 규모를 구입하면 평당 가격은 싸질지 몰라도 팔기가 어렵다. 따라서 분산 투자를 하거나, 적어도 필지 분할을 한 후에 몇백 평 규모로 되파는 것이다(물론 필지 분할하는 데 비용은 든다). 실제로 대개 수요가 많은 층은 100~200평 정도 규모의 5,000만 원 투자금을 가진 수요층이 가장 넓다. 이들이 보기에 좋은 곳이 훗날 되팔기가 쉽다는 의미이기도 하다.

땅문서를 모으는 것은 수집이 아니다. 수집은 나에게 보물 같은 존재들이지만 투자는 남들 눈에 보물 같은 존재다. 이따금 자기 생각이 너무 뚜렷해 남의 의견을 무시하는 경향이 있는 사람들을 볼 수 있다. 개인의 수집이라면 말리지 않겠지만 적어도 미래를 위한 투자라면 이때만큼은 남의 의견을 수용하도록 하사.

Part 8

토지의 변신은 무죄, 간단한 성형으로 판타스틱!

토지 가치를 높이는 지목변경과 형질변경

토지 투자자에게 가장 기본적인 이야기를 나눠볼까 한다. 바로 토지의 지목변경과 형질변경이다. 예를 들어 임야 → 농지 또는 농지 → 대지로 바뀌는 지목변경은 현재 토지의 신분을 바꿔주는 것으로 몸값 역시 달라진다. 그런데 이 지목변경을 위해서는 형질변경의 작업이 필요하다. 다른 지반보다 경사가 있는 임야를 농지처럼 평평히 이용하고 싶다면, 당연히 농지로 이용할 수 있는 환경으로 만들어줘야 하는 것처럼 말이다. 이런 임야, 전, 답 등에 개발행위 허가를 받아 건축 허가를 받은 후 건축이 완료되면 지목변경 신청을 통해 지목이 바뀐다.

이처럼 어떤 행위를 했느냐에 따라 토지의 몸값이 달라지는 셈인데, 이 안에서 성토와 절토작업이 이뤄진다. 성토는 지반 위에 흙을 쌓아 올리는 것이다. 시골 땅을 지나가다 보면 움푹 패 주변의 나무나 덩굴로 스산한 분위기를 연출하는 땅들이 있다. 이런 땅들에는 이따금 쓰레기들이 모여들기도 하면서 토지의 미관을 해친다. 또한, 도로보다 높이가 낮은 경우에도 성토작업을 한다. 반면, 절토는 평지를 만들기 위해 경사진 부분의 땅을 깎는 작업을 의미한다. 토지에 언덕이나 비탈이 있으면 전원주택을 짓기도 힘들고, 농지로 운영하기 힘들기 때문에 해당 작업을 해주는 것이 여러모로 좋다. 이외에도 토지의 성질을 개선하는 것을 '객토'라 한다. 농업적인 측면에서 보면, 농작물은 토질에 큰 영향을 받기 때문에 보완할 수 있는 흙을 가져와 섞는 것이 바로 객토다.

대형 마트에 가면 못생긴 고구마나 감자 등을 모아 싸게 팔 듯, 토

흙을 메워 성토하는 모습

절토 후 옹벽을 쌓은 모습

객토하기 위해 흙을 부어놓은 모습

지 시장에도 모양이 네모반듯하지 않고 못생겼거나 길이 없는 등의 못난이 상품은 가격이 낮게 팔린다. 이런 땅들은 일명 천덕꾸러기 땅으로, 시세보다 찾는 수요자가 적기 때문이다. 그러나 고수들은 별 볼 일 없어 보이는 땅을 볼 일 있는 땅으로 만들어 되판다. 그 안에 남겨진 높은 차익은 고스란히 그들의 몫이다. 따라서 이런 점을 노리고 일부러 위치, 형상, 방향, 고저, 지반 등에 문제가 있는 땅만 찾아다니는 고수 투자자들도 적지 않다. '못난이 땅'을 시세보다 저렴하게 구입해 예쁘게 탈바꿈시키며 투자금 대비 2~3배 이상의 수익을 거뜬히 낼 수 있는 '역발상 투자'를 하는 것이다.

많은 사람이 초반의 의욕과 달리 복잡한 상황에 부닥치기 싫어 애초에 발품이 최소한으로 진행할 수 있는 그저 '이쁜 토지'를 고르는 것이 현실이다. 그러므로 고수처럼 노련하고 높은 수익을 얻고자 한다면 토지성형쯤은 기본으로 여기는 마인드를 지녀야 한다. 이번 단락에서는 이런 못생긴 땅을 예쁘게 탈바꿈시켜 큰 수익을 거둔 사례를 통해 역발상 투자법에 관한 이야기를 나눠보자.

성토로
큰 수익을 얻다

직장인 김영수 씨(가명)는 평소 잘 알던 부동산 업자에게 2개의 토지를 추천받았다. 본래 300평의 토지를 2개의 필지로 나눈 것인데, 두 토지는 같은 위치에 같은 용도, 지목임에도 불구하고 가격이 달랐다.

김영수 씨가 추천받은 A토지와 B토지

A토지	B토지
150평(평당 50만 원)	150평(평당 45만 원)

A토지와 B토지는 예쁘게 150평씩 잘 나뉘어 있었지만, A토지에 비해 B토지의 지반이 1m가량 꺼져 있었던 것이 큰 흠결이었다. 때문에 A토지는 평당 50만 원에, B토지는 평당 45만 원에 가격대가 형성되어 있었다. 김씨는 고민을 하던 중 나를 찾아와 상담을 원했다. 나는 아래와 같이 대답했다.

여기서 잠깐!

"대부분의 사람이 성토나 절토에 대한 비용을 잘 생각해보지 않고 이런 경우 평당 50만 원인 A토지에 투자하지요. 그러나 성토 비용을 잘 생각해보면 오히려 B토지의 투자금이 적다는 것을 확인할 수 있습니다. 성토 비용을 계산해봅시다."

성토 비용 계산하기

① **면적 미터 환산**

150(평)×3.3025×1m(높이) = 약 495(㎥)

② **15t 덤프트럭에는 7~10㎥ (평균 8㎥)의 성토 흙을 수용**

495 ÷ 8 = 61.8 (대)의 덤프트럭이 필요

③ **15t 덤프트럭의 1대당 필요비용이 5만 원이라고 가정**

− 62대×5만 원 = 약 300만 원의 필요비용 소요

※ 제외 : 기타비용 (장비 대여…) 발생

도로보다 낮게 꺼진 땅을 성토하는 모습

계산한 바와 같이 150평을 1m 성토할 때는 약 300만 원의 비용이 들어 총투자금은 7,000만 원 정도 소요된다. A토지의 7,500만 원보다 약 500만 원 정도의 투자금을 절감할 수 있다. 이처럼 성토(절토도 마찬가지임)에 따른 역발상 투자는 생각보다 큰 수익을 낼 수 있다는 사실을 염두에 두자.

가능한지 물어보는 게
먼저다

토지 투자를 할 때 많은 사람들이 기본으로 오해하고 있는 것이 있다. 내 땅은 멀쩡할 것이라는 생각이다. 그래서 어떤 개발이나 전용을 해도 문제가 없을 것이라는 착각을 한다. 앞서 땅값을 올리는 노하우에 대해 지목변경과 형질변경을 이야기했다.

원래 토지의 가치는 토지개발이 되는 순간부터 가치가 올라가기 시작한다. 그 방법의 하나로 지목변경에 관해서 말했다. 예를 들어 임야나 농지를 대지로 바꿀 때 지목변경이 일어나는 것이다. 대부분 지목변경은 형질변경을 통해 토지의 성질이 바뀌 지목을 상황에 맞게 정정하는 것이므로 형질변경허가를 받고, 목적하는 바가 완료되었을 때 가능한 것이다. 대다수 사람이 잘못 알고 있는 것이 임야를 취득해 농지나 대지로 지목변경 하기가 매우 쉽다고 여기는 점이다. 물론 상황에 부합되는 토지라면 쉽게 지목변경이 이뤄지는 경우도 있다. 예를 들어 지목은 '임야'지만 현황은 경사도가 낮아 밭으로 개간해왔다고 하자. 앞으로도 농지로써 활용하는 경우 지자체의 허가를 받아 농지로 활용될 수 있는 경우가 있다. 하지만 수목이 울창한 임야를 농지로 지목변경해달라 요청한다면 그 어떤 공무원도 변경을 허가해주지 않을 것이다. '대'의 지목변경도 건축행위가 완료된 후 지목변경 신청을 통해 '대'로 바뀌는 것이지 처음부터 '대'로 지목변경이 되지는 않는다.

지목변경을 위해 형질변경을 할 때는 사전허가가 필요한데, 다른 말로 '개발행위 허가'라고 말한다. 개발행위 허가에 관한 내용은 관할 지자체에 문의하거나, 허가를 받으면 되지만 허가 없이 형질변경을 할 수도 있다. 높이 50cm 미만의 정지작업(성토, 절토)하는 경우가 대표적 예다. 또, 지진이나 산사태, 홍수 등으로 훼손된 토지를 본래의 형상으로 복구하기 위한 경우나, 국가나 지자체가 공익상의 필요로 정지작업하는 경우는 허가 없이 형질변경을 할 수 있다.

지가상승은 이렇게 형질변경을 할 때 이뤄지므로 내 땅이 지목변경 가능한 땅인지 혹은 토지개발을 해 건축물을 지을 수 있는지는 지자체에 문의하는 것이 가장 빠르고 정확하다. 무턱대고 남의 사례 등을 따라 했다가는 오히려 생각지도 못한 문제가 생길 수 있다. 다양한 사례를 습득하는 것은 좋은 자세지만, 그것이 모두 나의 사례가 될 수 있다는 생각은 버리고 늘 확인하고 전문가의 조언을 듣는 자세가 중요하다.

토지 투자 성공사례 vs 실패사례

성공사례

1. 넓은 면적의 땅을 분할해 투자 가치를 올리다

제주도 무릉리에 위치한 한 거대한 임야는 큰 면적 때문에 수요

제주 무릉리에 잘 분할된 토지

자가 많지 않았다. 은퇴인 최씨는 이 거대한 임야를 비교적 평당 싼 값에 매입해 우측 사진과 같이 도로에 잘 붙도록 쪼개어 큰 수익을 올렸다(최근 조례 개정으로 최소분할 면적 제한이 실시되고 있으니 유의 바람).

2. 도시계획도로로 인해 행운을 얻다

당진 현대제철로 개통

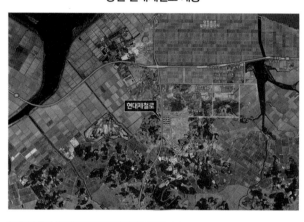

당진에 최근 계획도로로 예정되어 있던 현대제철로가 개통되었는데, 이 도로가 개통되면서 산업단지와 송악읍 중심지와의 접근성이 크게 개선되어 인근 토지가 큰 수혜를 입었다.

3. 음산한 폐가를 해결하고 큰 수익을 얻다

주부 최씨는 의성군 가음면 가산리에 음산한 폐가가 있는 토지를 눈여겨보았다. 아무래도 폐가가 있다 보니 많은 사람이 꺼려 시세보다 저렴하게 나온 이 토지를 남편의 만류에도 불구하고 최씨는 덜컥 매입했다. 최씨가 이 음산한 폐가가 있는 토지를 매입한 것은 지자체에서 멸실 비용을 일부 지원해준다는 것을 알고 있었기 때문이다. 최씨는 지원금으로 폐가를 철거하고 나대지가 된 토지를 비싼 가격에 되팔아 투자에 성공했다.

철거 전 폐가 모습	철거 후

여기서 잠깐!

건물 철거 시 지자체에서 멸실 비용을 일부 지원하는 법규가 있다. 멸실 신고 후 지자체별로 철거비가 얼마 정도 보조되는지 투자 전 반드시 확인을 해봐야 한다. 특히 슬레이트 지붕일 경우 지자체에서 철거 비용을 지원하게 되어 있으며 철거 시 폐기물 신고 및 그에 따른 소요 비용이 얼마나 드는지를 정확하게 알고 있어야 최씨와 같은 성공적인 역발상 투자를 할 수 있다.

맹지 탈출로
큰 수익을 얻어보자

일반적으로 맹지는 투자에서 모든 사람이 기피하는 물건이다. 맹지는 도로가 없어 건축 허가가 나지 않기에 농사 이외에는 활용할 방법이 없어 그 지가가 낮다. 하지만 맹지라는 이유로 지가가 주변보다 저렴하기 때문에 후일 오히려 투자 대상으로서 유용한 경우가 있다. 즉, 머지않아 보상이 요구되는 도시지역이라든가, 후일 도로 개설이 예정되는 임야 또는 주변의 토지와 합병해 리모델링의 가능성이 있는 곳은 오히려 투자 가치가 있을 수 있다. 일반적으로 맹지에 도로가 생기면 기존 토지 가치가 2~3배 이상 상승하게 되어 일부러 맹지만 찾아다녀 투자하는 사람도 있을 정도다. 물론 이 방법은 현실상 쉬운 방법은 아니지만 성공할 경우에는 큰 수익을 볼 수 있다.

개발예정지거나 도로개설 예정부지가 아니라면 수요자는 물론 투자자들도 맹지를 피하게 된다. 그러나 상속 등 부득이한 사유로 맹지를 취득한 경우 맹지 탈출을 하기 위해서는 다음과 같은 여러 가지 방법 중 하나를 택해 길을 낸 후 건축 허가를 받을 수 있을 것이다.

1. 도로법에 의한 진입로로 개설 혹은 도로지정 고시
2. 사도법에 의한 사도 개설
3. 인접 토지 매입(단독 또는 공유 지분)에 의한 사설 도로 개설
4. 진입 토지에 도로 사용승낙서를 받아 도로로 사용
5. 구거의 하천점용허가에 의한 도로개설
6. 민법상 주위통지통행권의 주장
7. 통로를 위한 민법상 지역권 혹은 지상권 설정으로 도로개설
8. 현황도로를 이용한 도로개설(단, 도로 개설지에 주택이 존재해야 함)

이 중에서 가장 많이 사용하는 방법은 토지사용승낙과 도로부지 구입이다. 토지사용승낙서를 일반적으로 많이 이용하는데, 특별한 법정 양식은 없다. 하지만 이때 주의할 것은 이 '승낙'은 법적으로는

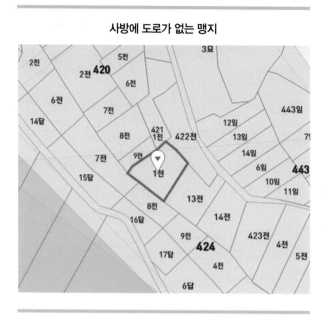

사방에 도로가 없는 맹지

토지의 '사용대차', 혹은 '임대차'의 동의어기 때문에 채권계약이라는 사실이다. 그러므로 도로개설 전에 토지 사용승낙을 해준 지주가 사망한 경우 그 상속인에 대해서 이 사용승낙을 계속 주장할 수 없다. 또한 진입 도로로 쓴 땅이 매매되어 소유자가 변경된 경우 종전의 토지 사용승낙은 계속적인 효력이 없어 새로운 땅 주인인 매입자에게 다시 사용료를 내야 한다. 따라서 후일 이웃 토지의 매입자가 도로이용을 제한하거나 도로사용료로 비싼 값을 요구할 수도 있다.

따라서 맹지 구입 시 후일을 위해 도로부지를 함께 매입하는 것이 가장 안전하다. 타인의 토지를 진입도로용으로 매입할 경우에는 폭이 4m 이상이 되도록 하고, 내 땅 뒤에 또 다른 맹지 지주가 있다면 공동으로 도로를 매입해 지분등기를 하는 방법도 좋다. 그만큼 토지 구입 비용이 절감될 수 있고, 영구 사용에 전혀 지장이 없기 때문에 장래를 대비해서 가장 확실한 방법이다.

농지, 임야를
다른 목적으로 쓰다

농지에 집을 짓다

농지구분

농지	농업진흥지역	농업진흥구역
		농업보호구역
	그 외 농지(일반농지)	

「농지법」은 식량안보를 위해 농지를 보호할 목적으로 제정된 법이다. 하지만 사회정세의 변화, 인구증가에 따른 주택시장의 변화, 공장의 지방분산 등으로 언제까지 농지를 보호만 하고 있을 수는 없

다. 특히 도시 주변에 이런 수요가 많아지게 되었다. 따라서 이런 사회적 현상을 반영해 농지법에서 농지를 전용하려면 농지전용의 허가를 받아야 함을 기준으로 정해놓았다. 농지전용이란 농지를 농지 외의 다른 용도(주택지, 공장용지 등)로 사용하는 것을 말하며, 농지전용허가를 받은 경우에는 해당 면적대비 농지보전부담금을 납부하고 전용이 가능하다.

농지보전부담금은 산지의 대체산림자원 조성비에 비하면 상대적으로 높은 편이다.

- 부과금액 : 개별공시지가 × 30% × 전용면적(㎡) × 감면율 적용(해당되는 경우)

  〈㎡당 5만 원을 초과하는 경우에는 상한액을 5만 원으로 한다. 즉, 3.3㎡(1평)= 16만 5,000원 상한〉

농지를 전용해 주택을 지은 모습

임야에 집을 짓다

산지구분

산지 (지목 임야)	보전산지	임업용산지
		공익용산지
	준보전산지	

「산지관리법」은 산림자원을 보호할 목적으로 제정된 법이다. 이 또한 농지법과 마찬가지로 사회정세의 변화, 인구증가에 따른 수요의 증가, 공장의 지방분산 등으로 언제까지 임야를 보호만 하고 있을 수는 없다. 따라서 사회적 변화는 수긍하되 난개발을 방지하기 위해 산지를 전용하려는 자는 산지 전용허가를 받으라는 규정을 정해놓았다. 이렇듯 먼저 해낭 부지에 개발행위 허가를 받아 건축 가능한 땅으로 만들면 건축을 할 수 있다.

산지를 전용해 펜션을 지은 모습

산지 전용허가신청서

■ 산지관리법 시행규칙 [별지 제8호서식] <개정 2013.1.23>

산지전용 [ ] 허가 [ ] 변경허가 신청서

(앞쪽)

◆ [ ]에는 해당되는 곳에 √표를 하고, 색상이 어두운 란은 신청인이 적지 않습니다.

접수번호	접수일	처리일	처리기간 25일

신청인	성명		생년월일	
	주소		전화번호	
	해당 산지에 대한 권리관계			

산지 소유자	성명		생년월일	
	주소		전화번호	

전용대상 산지	소재지	지번	지목	면적(m²)			
				계	임업용 산지	공익용 산지	준보전 산지

부산물 생산현황	벌채 수종 및 수량			굴취 수종 및 수량			토석		
	수종	본수	재적	수종	본수	재적	계	석재	토사
		본	m²		본	m²	m²	m²	m²

전용목적		전용기간	

변경사항	변경 전	변경 후	사유

「산지관리법」 제14조제1항, 같은 법 시행령 제15조제1항 및 같은 법 시행규칙 제10조제1항·제2항에 따라 위와 같이 산지전용 [ ]허가 [ ]변경허가를 신청합니다.

년 월 일

신청인

(서명 또는 인)

산림청장
시·도지사, 시장·군수·구청장 귀하
지방산림청장, 지방산림청국유림관리소장

◆ 첨부서류, 담당 공무원 확인사항, 수수료, 행정정보 공동이용 동의서: 뒤쪽 참조

처리절차

산청서	→	접수	→	현지 조사	→	대체산림자원조성비 및 추가복구비 산정	→	대체산림자원조성비 납부고지 및 추가복구비 예치 통지	→	대체산림자원조성비 납부 및 추가복구비 예치	→	허가증 작성	→	허가증 발급
신청인				담당부서				신청인				담당부서		

210㎜×297㎜[백상지 80g/㎡]

> • 부과금액 : 산지 전용 또는 일시사용허가 면적 × {단위면적(㎡)
> 당 금액 + 해당 산지 개별공시지가의 1%}

산지를 전용하려면 '대체산림자원조성비'를 내는데, 이는 농지의
농지보전부담금과 같은 맥락이다.

예를 들어 개별공시지가 ㎡당 15,000원인 준보전산지 1,000㎡를
소유하고 있는데 그중 330㎡(약 100평)를 산지 전용허가 받아 대지
로 전환하고자 한다면,

전용하고자 하는 면적: 330㎡

단위면적당(㎡) 기준금액 : 4,250원

해당 산지 개별공시지가의 1% : 150원

→ 330㎡×(4,250원 + 150원)=1,452,000원

즉, 대체산림자원조성비 140여만 원을 납부하면 된다. 농지보전
부담금에 비해 대체산림자원조성비가 더 낮은 금액으로 동일한 농
지와 임야를 소유하고 있다면 임야의 산지 전용허가를 받는 것이
유리하다. 단 660㎡ 이상의 산지 전용을 하는 자는 복구비를 미리

예치(산지관리법 제 38조)하므로 소규모 개발인 경우 이 범위를 넘지 않는 것이 좋다.

임야 투자 시 핵심 포인트

1. 임야는 면적이 클수록 토지가격이 저렴하므로 투자에 좋을까?

아니다. 임야가 농지보다 서렴한 것은 사실이지만, 개발할 때 법면뚝비탈면이 발생해 사용할 수 있는 토지가 많이 줄어들 수도 있다. 또한, 평균 경사도가 도시계획조례가 성한 기준을 넘어서면 개발 제한이 많아진다. 만약 조림되어 있거나, 입목축적이 높으면 개발 자체가 불가능할 수도 있다.

2. 임야는 언제 투자하는 것이 좋을까?

임야를 구입할 경우에는 겨울철에 사는 것이 좋다. 여름철의 경우에는 수풀이 우거져 있어서 경계와 형상을 파악하기 어렵고, 임야

법면　　　　　**입목축척이 높으면 개발행위 허가가 힘들다**

법면　　　　　입목축척이 높으면 개발행위 허가가 힘들다

의 허가 가능성이나 분묘의 유무를 알아보기가 어렵다. 하지만 겨울철에는 직접 확인하고 토지를 밟아볼 수 있기 때문에 여러모로 겨울철에 투자하는 것이 좋다.

3. 임야의 땅값이 저렴한 이유는?

① 지형 확인이 어렵다.

② 단가가 싸도 면적이 넓어 매입 금액이 많으므로 수요자가 적다.

③ 토지이용규제가 많아 개발하는 데 제한이 많다.

④ 농지와 달리 매입 면적에서 사용할 수 있는 토지가 적다.

이러한 이유들 때문에 일반인들이 임야에 접근하는 데 어려움을 많이 느낀다. 하지만 주변 토지에 비해 땅값이 저렴하기 때문에 전체를 매입한 후, 분할해서 매각을 하면 주변 환경에 의한 가격변동이 아니라 자체적으로 수익 실현이 가능해 임야를 잘 고르면 농지보다 더 높은 부가가치를 창출할 수도 있다. 기획부동산 등이 매각하는 상품이 주로 임야인 것은 바로 이러한 이유 때문이다.

4. 임야는 어떻게 활용하는 것이 좋을까?

조망권이 확보되는 대규모 전원주택 단지를 조성하고자 할 때는 농지보다 임야가 더 적합하다. 모든 택지에 조망권이 확보되려면 계단식으로 택지를 조성해야 하는데, 지형이 평평한 농지의 경우에는 앞부분의 토지만 조망권이 확보되므로 뒷부분은 성토해야 한다. 하지만 이런 조건을 갖추고 있는 농지를 찾기 어렵기 때문에 경사가 있는 임야는 대부분 절토로 택지를 조성해 조성공사비가 농지에 비해 적게 든다는 장점이 있다. 또한, 규모가 큰 개발 사업을 하기 위해서는 땅값이 저렴하고 지주들이 적은 임야가 유리한 경우가 많다.

임야를 개발해 계단식으로 전원주택 단지를 조성한 모습

태양광 사업,
나도 해볼까?

태양광 설치 모습

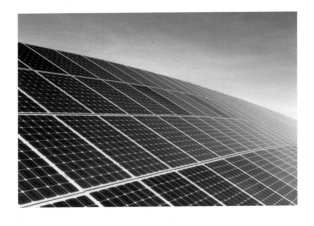

1. **자격** : 태양광 발전사업은 개인 또는 법인 등 기업의 규모에 상관없이 누구나 참여가 가능한 친환경 재테크다.

2. **수익** : 태양광 발전사업의 수익은 SMP(계통한계가격)와 REC(신재생에너지 공급인증서) 가격에 의해 결정된다. SMP는 국내의 전력 수급 상황 및 수요에 따라 결정되는 반면 REC의 경우 입찰 방식으로 가격이 결정된다. 즉 SMP와 REC 합산금액으로 수익을 얻을 수 있다.

3. **예상 설치비용** : 설치비용은 모듈, 인버터, 구조물 등 기자재를 어느 제조회사의 제품을 선택하는지 천차만별이다. 전기공사 등 세부 견적의 경우 시공업체와의 협의를 통해서 결정되는 만큼 딱히 가격이 정해져 있지 않다. 현재 국내 시장에 형성되어 있는 설치비용은 kW당 약 180만 원 내외로, 100kW 설치하면 1억 8,000만 원 정도의 설치비용이 발생한다.

4. **예상 수익**

• 발전량 : 100kW×3.6시간(전국 일 평균 일사량)×365일
= 131,400kW

• SMP 가격 : 82원(2017년도 1~8월 평균가)

• REC 가격 : 132원(2017년도 1~8월 평균가)

연간 SMP 예상 수익 : 82×131,400 = 10,774,800원

연간 REC 예상 수익 : 132×131,400 = 17,344,800원

합산하면 28,119,600원이다.

5. 결론

100kw의 전기를 생산하려면 설치 방법은 어떻게 할 것인지, 설치공간이 확보되는지 먼저 염두에 두어야 한다. 땅 위에 하는지(일반적으로 500평 정도의 토지가 필요함), 건축물의 지붕 위에 하는지, 주변 상황으로 인해 그늘지는 곳이 없는지 등 여러 가지 변수를 고려해야 한다.

〈예상 비용〉

토지가격 : 평당 10만 원×500평 = 5,000만 원

설치비 : 1억 8,000만 원

→ 합 2억 3,000만 원

매년 2,800만 원의 수익으로 2억 3,000만 원의 초기자본을 회수하려면 8년이 조금 넘게 필요하다. 여기에는 관리비 및 이자 등이 제외된 단순 계산으로 비용까지 반영하면 약 9~10년까지는 원금회수 기간이라고 생각한다. 또한, 태양광을 설치하려면 지역의 승인을 받아야 하는데 이때 계약 기간이 20년 이상이다. 즉, 20년 이상

토지를 매매할 수가 없기에 단기 또는 중기적으로 투자하려는 분들은 고심할 필요가 있다. 하지만 활용성이 떨어져 투자용으로 볼 수 없는 토지라면 장기적으로 수익을 볼 수 있는 태양광 사업도 고려해볼 만하다.

Part 9

땅 투자 걸림돌,
이 정도는
그나마 괜찮다

땅 투자를 하려는데
축사가 있다?

땅 투자를 할 때 맹지가 아닌 이상 무서운 3대 악재가 있다. 바로 축사, 묘지, 철탑이다. 이 악재들이 존재하면 예쁘고 네모반듯한 토지라고 해도 일명 '똥값'이 되기 쉽다. 그런데 이런 악재가 있다고 무조건 무서워해서 좋은 땅에 대한 기회를 놓치는 경우가 있다. 땅 투자 악재 중에서도 '그나마 이 정도는 괜찮은 땅 투자법'에 대해 알아보도록 하자.

가까이하기엔 너무 부담스러운 당신, 축사

너무나 마음에 드는 땅을 발견했지만, 많은 이들이 축사가 존재한다면 땅 투자를 꺼리게 된다. 축사는 가축을 키우는 건축물을 말하는 것으로, 아무래도 축사가 곁에 있으면 축사에서 배출되는 각종 오염물질에 의해 미관상, 환경상 사람 살기가 쉽지는 않다. 실제로 한여름에는 1km나 떨어져 있어도 축사 특유의 강한 악취가 느껴지는 경우도 있기 때문이다.

우선, 내가 투자하려는 땅이 곧 도시에 편입될 가능성이 큰 경우 소형축사가 1개 정도 있을 경우에는 축사 이전의 가능성이 매우 크다. 축사의 존재가 미관상의 이유와 냄새, 악취 등에 의한 문제로 주변의 주민들이 지자체에 민원을 넣는 경우가 많기 때문이다. 따라서 땅의 용도와 앞으로의 개발계획 등을 고려했을 때 소형축사 1~2개 정도는 생각보다 큰 걸림돌은 되지 않는다. 또한, 토지이용계획원에 '가축사육제한구역'이나 '완전가축 사육제한구역' 등이 지

개발지 인근의 소형축사 1~2개는 문제가 되지 않을 수 있다

정되어 있다면 더 이상 축사허가가 나지 않는 지역이므로 1~2동의 작은 축사라면 상대적으로 저렴하게 투자하는 것도 하나의 방법이 될 것이다.

문제는 축사가 많은 지역이다. 축사가 많은 지역은 개발계획이 있다 하더라도 보류되거나 무산될 가능성이 높다. 또한, 직업적 축사 경영자가 아닌 이상 전원생활을 하기에도 어려운 지역이다. 간혹 현장을 다녀온 분들이 '냄새는 안 나는 것 같던데…'라고 이야기를 하곤 한다. 그러나 그날 날씨와 계절에 따라 다른 결과를 가져올 수 있으므로 경계해야 하는 부분이다.

또한, 주민들의 취재결과 혹은 오랜 시간 그 지역에 살아 잘 안다고 했을 경우에는 매도 시점에서 생각해보는 것이 좋다. 정작 주인인 자신마저도 축사가 있는 땅에 대한 구입을 망설였는데, 다른 사람이라고 선뜻 구입할 수 있을까? 내 마음에 드는 땅보다, 다른 사람의 마음에 드는 땅이 추후 빨리 팔리고, 시세도 높은 편이라는 것은 어쩔 수 없는 사실이다. 축사 있는 땅이 무조건 나쁘다고 볼 수는 없지만, 미래가치와 현장 상황, 수요자의 입장에서 고려한 후 투자를 진행하기를 권한다.

땅 투자를 하려는데 묘가 있다?

내 임야에 분묘를 한 후 묘에 대한 특약 없이 토지만 넘겼을 때나 다른 사람의 토지에 분묘를 하고 20년이 넘으면 '분묘기지권'이 성립된다. 분묘기지권이란 타인의 토지 위에 있는 분묘의 기지(基地)에 대해 관습법상 인정되는 지상권에 유사한 일종의 물권이다.

분묘기지권의 범위는 그 분묘의 기지뿐 아니라 분묘의 설치 목적인 분묘의 수호 및 제사에 필요한 범위 안에서 분묘기지 주변의 공지를 포함한 지역에까지 미치는 것으로 본다(대법원 판례 85다카 2496). 그 존속기간은 민법의 지상권 규정을 따를 것이 아니라, 당사자 사이에 약정이 있는 등 특별한 사정이 있으면 그에 따른다. 특

분묘기지권이 성립되는 경우

(이 중 한 가지 요건만 갖추면 성립)

① 토지 소유자의 승낙을 얻어 분묘를 설치한 경우

② 토지 소유자의 승낙을 받지 않았더라도 분묘를 설치하고 20년
   이 지난 경우

③ 자기 소유의 토지에 분묘를 설치한 자가 분묘에 관해서는 별도
   의 특약이 없이 토지만을 타인에게 처분한 경우

별한 사정이 없는 경우에는 권리자가 분묘의 수호와 봉사를 계속하
는 한 그 분묘가 존속하고 있는 동안은 분묘기지권이 존속한다고
해석한다(대법원 판례 81다1220). 이와 같이 분묘기지권이 성립하는
경우에는 그 분묘를 마음대로 이장할 수 없으므로 임야 등을 매매
(또는 경매)할 때 주의 깊게 살펴봐야 한다.

 분묘기지권이 성립된 토지를 매수하면 아무리 내 소유의 토지라
고 하더라도 마음대로 분묘에 손댈 수 없기 때문에 토지의 가치는
현저하게 떨어진다. 따라서 임야를 매수할 때는 묘가 있는지 세세
히 살펴보고 혹시라도 묘가 있다면 이장하는 특약을 하거나 20년
기간이 넘었는지 확인해야 한다.

'묘지'가 좋은 어감은 아니다. 마음 같아서는 '남의 땅에 왜 묘가 있단 말인가, 당장 없애버리자' 싶다가도 망자의 원한이라도 입는 것이 아닐까 싶어 여간 찝찝한 게 아니다. 하지만 이런 찝찝함만 고수하다간 좋은 기회를 날릴 수 있다. 만약 투자하려는 땅에 묘가 5~6개 되는 경우, 이는 묘라기보다는 남의 가문 '선산'이다. 이런 경우에는 사실상 애초에 투자를 포기하는 것이 맞다. 하지만 관리도 안 한 것으로 보이는 묘 하나 정도는 방법이 존재한다. 무연고 묘인 경우 각 지자체에 신고하고 3대 일간지 등에 3개월간 공고를 해도 연고자가 나타나지 않는다면 합법적으로 이장작업이 가능하기 때문이다. 이렇게 이장 작업을 하면 지가가 회복됨으로 1~2개의 묘는 무서워할 필요가 없다. 또한, 지목이 '묘'라고 되어 있는 토지라도 실제로는 묘가 없는 경우도 있으니 반드시 꼼꼼히 현장 답사를 해야 한다.

무연고 분묘 현장에 건 현수막
(현장공고 및 일간지 등에 3개월 공고한다)

땅 투자를 하려는데 철탑이 생길 예정이다?

내가 투자할 토지 주변에 철탑이 있다면 당연히 철탑이 없는 곳들보다 가치가 떨어지기 때문에 섣불리 들어가서는 안 되겠지만, 대규모 산업단지가 있는 곳이라면 얘기가 달라질 수 있다. 실제 전국에 있는 100만 평 이상의 대규모 산업단지인 경우 주변에 철탑이 없는 곳은 많지 않기 때문이다. 산업단지라면 많은 인구가 모이며 상권이 형성되기 마련인데 그 주변에선 어디에서도 철탑이 보이는 동등한 조건이기 때문에 산업단지가 점점 활성화됨에 따라 근린생활시설이나 상권 등이 형성되며 지가도 상승하기 때문이다. 여러분이 생각하는 지역이 대규모 산업단지가 있는 지역이라면 철탑을 악재로 여기고 무조건 피하기보다 그 산업단지에 의한 수요에 따른 지

내 땅 위에 철탑이 생긴다면 거부하지 않는 게 좋다

가상승을 예상해봐야 할 것이다.

내 땅에 철탑이 들어온다면

간혹 내가 투자한 토지에 철탑이 들어온다는 한전의 통보를 받을 때가 있다. 이런 경우 보통 철탑이 악재라고 생각해 거절하는 경우가 많은데 절대 거절해서는 안 된다. 어차피 생겨야 할 철탑이라면 거부하지 않는 게 좋을 수 있다. 철탑이 설치되는 토지는 그나마 보상가가 높은 편이지만 내 거절로 인해 철탑이 내가 투자한 토지의 바로 옆에 생긴다면 보상도 못 받고 토지의 가치가 떨어질 수 있기 때문이다.

위기를
기회로 만든 사람들

투자 세계는 늘 배우는 자세, 긍정적인 마인드를 지니면 좋다. 특히 토지 투자는 더욱 그렇다. 내게 필요 없는 땅이라고 해서 남에게도 필요 없는 땅은 아니다. 소액 땅 투자를 하면서 위기를 기회로 만든 이들을 알아보자.

첫째, 처치 곤란인 임야를 활용한 사례다. 그냥 임야도 아니고 대부분의 땅이 절벽으로 되어 있던 악재 중의 악재인 땅이었다. 사실 이런 땅은 별다른 방법이 없어 일반인들은 급매로 내놓든가 아니면 그냥 갖고 있어야 한다는 생각을 한다. 하지만 김영수(가명) 씨의 생각은 달라 소액으로 땅 투자를 할 수 있는 절호의 기회가 됐다. 일반인의 기준에서 보면 쓸모없는 이 땅에 투자해 최근 인기를 끌고 있는 클라이밍 장소로 탈바꿈시킨 것이다. 교통편이 좋다면 금상첨화다. 주말에 도시를 벗어나 이색 스포츠를 하고자 하는 인구가 증가하면서 해당 장소는 그저 임야인 '절벽'에서 '명소'로 탈바꿈되었다.

둘째, 급경사가 진 토지에 소액 땅 투자를 해 새로운 가능성을 열었던 박진석(가명) 씨다. 경매로 나온 땅이었는데 유치권 등의 소지가 있어 여러 번 유찰되었다. 다른 지대보다 높은 곳에 위치해 있어 일반인의 관심을 받지 못한 땅이었지만 박진석 씨는 달랐다. 지대가 높은 덕에 바다 조망의 멋진 뷰가 좋았다. 이 땅을 낙찰받은 박진석 씨는 자신의 개인 사업을 차렸다. 바로 끝내주는 뷰를 활용해 펜션&카페를 만든 것이다. 다른 곳과 다르게 2층에 출입구를 만들고, 경사진 방향에 창가 및 테라스를 만들어 조망이 좋게 만들었다. 1층은 펜션으로 만들어 숙박객을 받았다. 이곳은 금세 입소문이 퍼지고 명소가 되었다.

셋째, 강원도에서 작은 펜션을 운영하고 있던 정준수(가명) 씨는 자기 펜션 앞의 움푹 파인 자투리땅이 급매로 나온 것을 알게 되었다. 보기에도 을씨년스럽고 뭘 하기에도 애매한 작은 자투리땅을 본 그는 헐값에 자기 펜션 앞 토지를 선뜻 구입했다. 보기 싫게 움푹 파인 땅을 더욱 파고, 그 안에 물을 채운 후 겨울이 되길 기다렸다. 겨울이 되자 고인 물은 강원도 특성상 꽁꽁 얼기 시작했고, 그는 얼음 썰매장으로 만들어 홍보하기 시작했다. 그러자 반응은 폭발적이었다. 가족 단위 숙박객이 대거 모이기 시작해 겨울 비수기임에도 '썰매장'이란 아이템으로 여름 성수기 못지않은 매출을 올리고 있다.

눈앞의 악재를 이겨낸 사람들은 한 가지 공통점이 있었다. 지켜보는 사람이 놀랄 정도로 성격이 긍정적이라는 점이다. 많은 이들은 비껴갈 악재를 품은 땅을 다른 각도에서 보는 것만으로도 그들은 소액 땅 투자를 할 수 있었고 전혀 다른 쓰임새를 찾아낸 것이다. 이렇듯 다른 시선으로 보면 생각지도 못한 곳에서 방법이 나올 수 있다. 긍정적인 마인드와 방법을 찾고자 하는 끈기만 있다면 여러분도 성공하는 소액 땅 투자를 할 수 있다.

논 웅덩이를 눈썰매장으로 활용한 사례

Part 10

기획부동산을
조심하자

먹을 거 많은 곳에는
파리도 꼬인다

호재가 많은 곳에는 부동산 사무소가 많다는 것을 쉽게 확인할 수 있다. 동네 초입부터 줄지어진 중개업소의 행렬을 보면 이곳이 호재가 많은지를 확인할 수 있는 척도가 되기도 한다. 이런 현상은 세종시, 평택, 새만금 등에서 목격할 수 있는데 그중에는 기획부동산이나 떴다방 등도 존재한다.

김수철 씨(가명)는 세종시 금남면 원봉리 보전관리지역의 임야 3,000평에 투자한 적이 있다. 기획부동산이 어찌나 열렬히 광고했는지 개발제한구역에 해당되는 땅을 공동 지분 투자였음에도 100명이나 모았다. 김수철 씨도 다단계 저리 가라 싶은 엄청난 정신교육을 받고 그 자리에서 투자를 결정했다. 그러나 시간이 지나고 보니 당시 시세보다 3배나 비싸게 구입한 사실을 뒤늦게 알았다. 그뿐만이 아니었다. 개발행위 불가지역으로 매매도 이뤄지지 않고 현재까지 묶여 있는 상태다. 그가 만약 투자 가치가 없는 용도지역에 대한 지식만 가지고 있었어도, 이런 사태는 겪지 않았을 것이다. 혹은 주변 시세에 대한 파악만 이뤄졌더라도 좋은 매물인지를 알아볼 수 있는 안목으로 걸러졌을 것이다.

우리가 부동산을 공부해야 하는 이유가 바로 이렇다. 진짜를 걸러낼 수 있는 안목 말이다. 그것이 책이든, 세미나든, 답사든 상관없다. 스스로 발로 뛰며, 몸소 체험하면 '진짜'의 힘을 어느 순간 알게 될 것이다.

토지 투자 중
기획부동산을 만났다면?

'물고기가 있는 곳에 강태공이 있는 법'이란 말이 있듯 호재가 있는 지역에는 기획부동산이 있다. 몇 년째 이어오는 문의 중에 가장 많은 문의는 기획부동산을 통한 토지 투자 문의다. 사실 토지 투자에 좋은 정보를 얻기 위해 검색을 하다 보면 자연스럽게 만날 수 있는 게 기획부동산이다. 물론 인터넷에 정보를 올리는 모든 사람이 기획부동산이라는 것은 아니다. 그중에서 정체를 감추고 활동을 하는 사람들이 있어 전문가들조차 오해를 받기에 십상이다.

보통 기획부동산을 만나게 되는 루트는 텔레마케팅, 지인 추천, 정보글 검색 등을 통해서다. 그러나 기획부동산이라고 해서 기획부동산이라는 말을 써 붙이고 다니지 않으므로 확실하지 않다. 특히 전통적으로 인맥을 중요하게 생각하는 우리나라 특성상 지인 추천으로 산 토지가 알고 보니 기획부동산에 당했다고 말하는 분들이 많은 걸 보면 지인들도 자신이 기획부동산 소속이라는 것을 잘 모르기 때문이다. 아주 좋은 토지를 주변 지인에게 추천할 기회를 주고, 보수까지 얻을 수 있는 이 일을 순전히 '좋은 의도'로 시작하는 사람들도 있다. 결국, 투자를 결정하는 것은 본인의 몫이기에 무조건 지인을 탓할 수도 없다.

최근 연락받은 한 분은 친척이 토지 투자를 권했는데 요즘 한창 뜨고 있는 평택 지역에 투자하라는 것이었다고 한다. 기획부동산의 특징은 호재가 있는 곳, 일반 사람도 한 번쯤은 들어본 바 있는 지역의 토지를 추천해 신빙성을 높이는 것이다. 이런 지역에 토지 투자를 하게 되면 평당 5만 원 하는 토지를 50만 원이라고 해도 상대가 '역시 유명한 곳이니까'라는 마음에 넘어가기 때문이다. 게다가 15평이라도 투자하면 큰 이익을 볼 수 있다고 하니 크게 동하는 마음이야 공감할 수 있다. 하지만 15평 땅 위에 무엇을 할 수 있을까? 토지 투자는 내 입장이 아니라 다음번 그 토지를 투자할 사람이 갖고 싶은 땅이어야 한다.

기획부동산의 감언이설에 넘어가 토지 투자를 하려는 경우는 어떻게 해야 할까? 사실상 계약금을 이미 낸 상황이라면 법적으로 돌려받을 수 없는 것이 현실이다. 그러나 가끔씩 사무실에서 배짱을 부리는 경우 기획부동산들이 '골칫거리'라고 생각해 대충 계약금을 돌려주기도 하지만, 쉽지 않은 일이기 때문에 주의를 요한다.

더불어 이미 토지 투자를 완료한 경우에는 그 위치가 장래성이 있다면 어쩔 수 없이 오랜 시간 가지고 있든지, 헐값이라도 빨리 다시 팔아버리는 것이 가장 좋은 방법이 될 수밖에 없다. 따라서 투자하기 전, 기획부동산인지 여러 번 확인하고 분석하는 시간과 노력이 필요하다. 소 잃고 외양간 고치지 말고 소 잃기 전에 따져봐야한다.

기획부동산
알아보는 법

첫째, 이름

기획부동산의 첫 번째 특징은 이름에서 알 수 있다. 사실상 3년 전까지만 해도 이름만 봐도 알 수 있는 기준이 존재했다. 예를 들어 '○○인베스트', '○○리츠' 등은 기획부동산일 가능성이 있다. 물론, 모든 업체가 그렇다는 것은 아니다. 그러나 과거 3~5년 전에 이런 이름들이 유행했던 적이 있기 때문에 특징으로 주의해보는 것은 좋다. 기획부동산은 보통 법인 회사로서 부동산을 매매한다. 일반적으로 영농법인이 아닐 경우에는 농지를 거래할 수가 없기에 임야 거래가 많은 이유다. 최근 들어서 영업 형태가 달라지고 지능화됨에 따라 상호도 '○○ 경매', '○○ 투자' 등으로 경·공매를 통해서

싸게 매입해 시세보다 저렴한 가격에 매매한다고 홍보를 하고 있다. 하지만 실상을 확인해보면 시세보다 비싼 경우가 대부분이다.

둘째, 전화

어느 날 지인으로부터 연락이 온다. 이전에는 TM전화 영업으로 무작위 영업 형태가 많았다면 현재는 직원들은 인맥을 통해 지인 영업이 많다. 가족, 친척, 예전 동료 등 좋은 정보가 있어 너에게만 알려준다는 것이다. 모르는 사람도 아니고 지인이 부탁하니 한 번쯤은 얘기도 들어보고 상담을 받으러 회사를 내방하기도 하는 것이다. 지인과의 인간관계만 믿고 투자하기에는 그 결과는 상당히 쓰다. 지인이 나쁜 마음으로 소개를 해줬다기보다는 회사에서 지속적인 교육을 통해 자신조차도 좋은 토지인 줄 알고 영업을 했을 것이다. 부동산에 수년 동안 종사해온 현업 종사자도 앞으로 어떻게 될지 확신할 수 없는 데 불과 몇 달 동안 교육받은 내용으로만 안내한다면 어불성설이 아닌가.

셋째, 상담

상담은 자유라고 해서 상담까지만 받는 이들도 적지 않다. 그러나 이들과 상담을 하다 보면 몇 가지 특징을 알 수 있다. 화려한 언변과 조감도, 개발계획 도면을 내세워 이야기하지만 해당 토지의 주소는 알려주지 않는다. 또 그날 바로 계약금을 넣어놓기라도 하라고 말한다. 물론, 주소를 알려주는 업체들도 있다. 이럴 경우에는 해당 지자체 등에 가서 개발계획 등을 알아보는 것도 방법이 된다. 상담은 자유지만 나올 때는 어렵게 만드는 것이 기획부동산의 특징이라는 것을 잊지 말도록 하자.

넷째, 지분 투자

투자자들의 투자금이 여유롭지 않다는 것을 이용해 활용할 수 있는 자금만큼 투자를 권유하는 것이 대부분이다. 즉 지분 투자를 권한다. 이 토지가 개발되기 때문에 지분으로 가지고 있어도 나중에 상당한 시세차익을 얻을 수 있다고 말한다. 우리가 눈여겨봐야 할 점은 지분이라는 것이다.

쉽게 얘기하자면 아파트를 구입할 때 한 채를 구입하는 게 아닌 안방만 구입하거나 거실 또는 화장실만 매매하는 것이다. 지분으로 매입했더라도 추후에 거래가 안 되는 것은 아니다. 화장실만 사고 싶은 사람이 있다면 거래는 가능하다. 하지만 화장실만 사고 싶은 매수자가 있을까? 매수만 중요한 것이 아니라 매도까지 고려했을 때 효율적인 투자는 아니다. 지분 투자자들이 정말 가까운 지인이나 가족 말고는 시간이 지남에 따라 각자 처한 상황이 다르기 때문에 처음 계획과는 상황이 변하는 경우가 많기 때문이다. 따라서 'A지역에 역사가 들어와요', 'B지역에 대규모 택지가 들어서요' 등 달

콤한 열매를 얻을 수 있다는 말에 현혹되어 잘못된 투자를 하는 우

를 범하지 말자.

말만
번지르르하다

이 사진은 역사가 완공된 지역에 임야 지적도이다. 몇 년 전 역세
권이 들어온다머 여러 기획부동산이 작업한 토지다. 하지만 역사가

기획부동산의 영업 필지

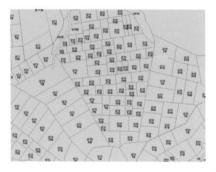

완공되고 기차가 운행한 지 5년이 지났지만 별다른 진행 상황은 없다. 그뿐만 아니라 해당 필지는 높은 임야로서 터널로 기차가 다니고 있다. 터널 위에 토지를 분양했으니 얼마나 기가 차는 노릇인가. 현장 답사도 하지 않고 지인 말만 듣고 투자하기에는 피해가 너무 크다.

정보 사회에서 남들보다 빠른 정보는 물론 좋은 기회다. 하지만 기회를 어떻게 잡을지는 본인의 노력과 발품, 정확한 투자 계획이 필요하다. 살다 보면 기획부동산을 만날 수는 있다. 하지만 제대로 파악했다면 이들의 감언이설을 물리쳐낼 수 있을 것이다.

모든 사私기업은 이윤을 추구하기에 수익을 얻는 점을 비판하진 않는다. 하지만 마땅히 가치가 있는 땅을 이윤을 남기고 파는 구조와 가치도 없는 땅을 폭리를 취해 파는 기획부동산은 근본이 다르다. 따라서 단기간에 몇 배의 수익이 날 수 있다는 달콤한 열매에 속아 자신의 소중한 자산을 날리는 일이 없길 바란다.

• Part 11 •

콕 짚어 알려주는
지역분석

부동산 사무소 사장님들과 이야기를 하다 보면, 자신이 주로 중개를 하는 곳이 가장 전망이 밝다고 이야기하는 재미난 현상을 볼 수 있다. 부동산 투자를 하려고 마음을 먹어도 우리나라 대부분의 지역이 개발계획으로 가득하니 오히려 호재가 없는 지역을 찾기가 쉬울 지경이다. 하지만 자세히 들여다보면 모든 지역이 호재로 가득하지는 않다. 예를 들어, 서울지역이라고 해도 크게 한강 위쪽과 아래쪽의 개발계획이 다른 것처럼 말이다. 따라서 정확한 지역분석은 토지 투자의 초석이라 할 수 있다. 특히 미리 선점하는 전략으로 소액 투자가 가능한 점도 매력이다. 추후에 발간될 두 번째 책 《전국 땅 지도(가제)》에서 전국의 지역분석을 통해 어느 곳이 유망한지 '리' 단위까지 자세히 분석해드리려고 한다. 이 장에서는 가볍게 7개의 지역을 분석해보았다.

수요는 많고 공급은 적다

'제주도는 기존보다 너무 많이 올랐다?'

'중국 정부의 사드 보복으로 부동산 투자가 줄어들었다?'

현재 제주도를 이렇게 생각하고 계신 분들이 일부 있지만 내 견해는 다르다. 제주도는 지자체의 토지 규제로 수요에 비해 공급이 이뤄지지 않아 땅값 하락이 되지 않고 있다. 이곳은 우리나라 전역 투자자들의 관심 대상이고 최근 들어 한중관계가 개선되고 있어 더더욱 좋아질 것으로 예상한다. 서울 수도권에서는 주부들 모임에 자녀 교육에 대한 이야기가 빠지지 않지만, 제주도민 주부들은 땅으로 시작해 땅으로 이야기의 끝을 낼 정도로 땅에 관한 관심이 매우 높다.

과연 제주도가 핫한 이유는 중국인들의 부동산 투자로 인한 지가 상승이 원인일까? 맞는 말이긴 하지만 내 생각은 조금 다르다. 제주도가 이렇게 핫해진 가장 큰 이유는 저가항공이다. 비수기일 때 저가항공은 싸게는 2~3만 원으로 제주도에 갈 수 있어 많은 관광객 공급에 크게 이바지했다. 자동차 렌트, 숙박 역시 저렴해 관광객은 앞으로도 점점 늘어날 것이다. 이런 이유로 투자 지역을 선정할 때 교통을 절대 무시해서는 안 된다. 많은 회원과 이야기를 나누다 보면 10명 중 5명은 제주도에 살고 싶어 투자하고 싶다는 사람들이 많다. 제2 국제공항과 신항만이 들어서면 더 많은 관광객이 찾게 될 것이다. 2016년 제주도 관광객이 1,500만 명을 돌파하며 최고 기록을 세우기도 했다. 4~5년 전 제주도에 투자해 분석을 꾸준히 한 나는 앞으로도 제주 땅값은 지속해서 상승할 것으로 보고 있다. 제2 국제공항은 착공 진이고 국제영어교육도시, 신화역사공원 등은 공사가 진행 중이다. 제2 국제공항의 착공이 본격적으로 진행이 되고 영어교육 도시와 신화역사공원 등이 완공되면 지가는 더 높이 상승할 것이다.

농취증 발급 요건이
까다롭다

제주도는 특유의 토지 규제로 인해 육지의 일반 토지에 비해 어려운 것은 사실이다. 2014년 초쯤 내가 처음 투자할 때만 하더라도 조례가 바뀌지 않아 쉽게 투자할 수 있었으나, 2015년 이후 바뀐 조례로 인해 소위 전문가라는 사람들마저 저마다 해석이 달라 일반 투자자들이 접근하기 쉽지 않다. 현재 제주 특별지자체는 투기 바람을 잠재우기 위해 많은 조례를 시행하고 있다. 2015년 1월부로 농지법에 따른 농취증 발급 강화가 그 시작이었다.

농취증 발급은 현실적으로 큰 장애 요인이 되지 않으나 제주도에서는 농지(전, 답, 과수원)를 매입할 경우 전입신고가 되어 있어야 하며 농취증 발급 신청을 본인이 직접 해야 한다. 예전에 법무사가 대행해주던 것이 차단된 것이다. 또한, 농취증을 발급 받는데 비거주자의 농업경영계획서에 대한 심사가 강화돼, 통작거리와 작물별 소득률 등 객관적 자료를 근거로 자경 실현 가능성 심사를 통한 적격 여부를 심도 있게 판단한다. 실제로 나와 같은 시기에 농지를 매입한 회원들이 상당히 많이 있었다. 그 당시 상담을 하면서 조례가 바뀌기 전 농지를 싸게 매입하게 되어 '살았다', '운 좋았다'라고 얘기하곤 했다. 하지만 그 운은 오래가지 못했다.

제주도는 2016년에 농사 목적 이외로 농지를 이용하는 경우를 막기 위해 이용실태 조사를 했다. 농지를 소유하고 있는 사람이 농사를 짓지 않고 있으면 농지처분의무를 부과했다. 농지처분의무도 이

쉽게 이해하는 토지용어

농지 처분명령

농지는 자경이 원칙이므로 보통 수확기인 9~11월에 현지 조사를 실시한다. 이때 농사를 짓지 않고 있는 사실이 발견되면 소유자에게 처분 통지서를 발송한다. 처분통지서를 받으면 1년 이내에 해당 농지를 처분해야 한다. 이 시기에 처분이 이행되지 않으면 다시 처분명령을 하는데, 이 명령을 받은 지 6개월이 지나도록 처분하지 않으면 농지 가액의 20%에 해당하는 이행강제금을 매년 부과한다(농지법 제62조).

행하지 않은 사람에게는 이행강제금을 부과했다.

또한, 농업 경영을 목적으로 취득한 농지는 1년의 자경 기간을 거친 후에야 농지전용신청이 가능하도록 제한됐다. 한마디로 농지를 사려면 전입신고를 해야 하고, 1년 이상 직접 농사를 지어야 건축할 수 있다는 것이다. 이렇다 보니 투자자들은 농지를 포기하고 농취증이 필요 없는 대지·임야·잡종지에 눈을 돌리기 시작했다.

허위 매물을 주의하라

제주도 전 면적의 30% 정도가 개발 가능한 토지로 그중 대지는 부르는 게 값이다.

임야는 도로에 접하고 상수도와 전기 등 기반시설이 갖춰진 곳이 그리 많지 않다. 더군다나 100~300평의 소형 평수 임야를 찾기가 쉽지 않다는 게 현실이다 보니 토지가 더 귀해진 셈이다. 임야는 큰 평수가 많다 보니 토지 분할로 여러 필지를 쪼개 시세차익을 노리는 기획부동산을 막기 위해 제주도는 2016년 2월부터 토지 분할 제한을 시행했다. 2,000㎡ 미만으로 분할할 경우 토지를 소유한 지 1년이 지나야 2필지 이하로 분할 가능하다(1년 이내 재분할 불가능). 녹지지역, 관리지역, 농림지역, 자연환경보전지역에서 2,000㎡ 이상 분할은 자유롭게 분할이 가능하다.

농지를 사려니 힘들어 대지나 임야를 찾는데, 가격에 맞는 작은 필지 토지는 더더욱 찾기 힘들다. 공급에 비해 수요자가 너무 많다 보니 제주도의 지가 하락은 쉽지 않다. 이렇듯 임야나 대지의 공급이 부족한데 인터넷에 허위 매물을 보고 제주도까지 헛걸음해서는 안 된다. 매물이 귀한 지역의 좋은 토지는 인터넷까지 올라갈 수 있는 시간적인 여유가 없다. 현지에서 바로 팔리기 때문이다.

상수도 연결을 넘겨짚다 가는 큰코다친다

제주도는 상수도가 제일 중요하다. 상수도가 되지 않으면 건축이 되지 않기 때문이다. 현지 부동산들이 간혹 상수도가 있다 하고 중개하는 경우가 있는데 안 되는 경우가 많으니 반드시 해당 읍사무소 상수도 과에 직접 문의해 확인해야 한다.

"저, 잠깐 상담을 드려도 될까요?"

세미나 도중 잠깐 쉬는 시간에 한 회원분이 조심스레 다가오셨다. 김영숙(가명) 씨라고 소개한 이분은 제주도 땅을 샀는데 해결 방안을 모르겠다며 하소연하셨다. 건축 허가가 나는 땅인 줄 알고 샀는데 허가가 안 된다고 하니 답답하다는 것이다. 자초지종을 들어보니 이렇다.

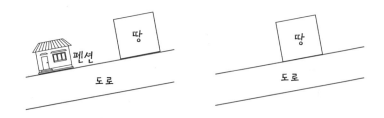

제주도에 땅을 사기로 맘먹고 도로에 접한 두 필지를 소개받았다. 한 필지는 펜션 옆이고, 한 필지는 인근에 건물이 없다. 두 필지 중 어떤 땅을 살까 망설이다 가격이 더 비싸지만, 펜션 옆에 있는 땅을 사기로 했다. 현지 부동산 사장님이 옆에 펜션이 있으므로 상수도가 당연히 있어 건축하는 데 아무 지장이 없다고 소개했기 때문이다. 여기까지 들은 나는 이미 감이 왔다. 실제 이 점은 우리 카페 회원들에게 누누이 말해왔던 부분이었기 때문이다. 내가 경험해본 결과, 위 그림처럼 펜션이 있다 해도 옆 필시까지 건축 허가가 날 거라고 섣불리 판단하면 곤란하다. 만약 펜션에서 간신히 수압을 끌어 쓰고 있다면 본 토지에 건축 허가가 안 나는 경우가 상당히 많다. 펜션까지는 간신히 허가기준 수압이 가능했지만, 그 이상 거리는 수압이 약해 건축 허가가 안 나는 것이다. 실제 이분의 상담요지가 그랬다. 상수도 연결이 안 된다는데 무슨 해결 방안이 없냐는 것이다. 이미 엎질러진 물, 나라고 뾰족한 방법이 있을까. 그렇기에 매입하기 전에 꼼꼼히 살펴야 한다. 경사가 있는 토지 역시 주의해야 한다. 상수도를 끌어 올리려면 수압이 약해 상수도가 연결되지 않는 경우가 제주도에선 상당히 많다. 그러므로 제주 토지를 싸게 소개받았다고 덥석 덤비지 말고 상수도 인입이 가능한지부터 먼저 확인해야 한다.

도로에 접했는지
확인해야 한다

제주도는 현황도로가 있지만, 지적상 도로가 없는 토지가 많다. 현황도로는 과거 지적징리가 되어 있지 않아 사도인 경우가 많은데 이 경우 맹지나 다름없기에 도로사용승낙서가 필요하다. 제주도는 지적상 도로를 중요시한다. 지적상 도로의 폭 역시 중요하니 해당 지자체에 담당부서로 연락해 반드시 지번을 알려주고 확인해야 한다.

도로에 접한 큰 필지를 분할할 때 여러 가지 모양으로 분할을 할 수 있는데 그중 진입로 규정을 적용해 분할하는 경우가 있다. 一형으로 딱 잘라 분할을 하면 뒤 필지는 도로에 접하지 못해 맹지가 되

막다른 도로　건축법상 '도로'란 보행 및 자동차통행이 가능한 너비 4m 이상의 도로로서 법정도로나 도로대장에 등재돼 있는 도로를 말한다. 하지만 막다른 도로인 경우 도로의 너비가 그 길이에 따라 각각 다음에 정하는 기준 이상이면 도로로 인정된다.

막다른 도로의 길이	도로의 너비
10m 미만	2m
10m 이상 35m 미만	3m
35m 이상	6m(도시지역이 아닌 읍·면지역에서는 4m)

※ 제주도에서 막다른 도로 규정을 적용받기 위해 일부러 진입로 형태로 분할하는 경우 개발행위 불허가 사유가 될 수 있으니 신중하자.

제주도에서 진입로 형태의 토지 분할은 개발행위 불허 사유가 될 수 있다

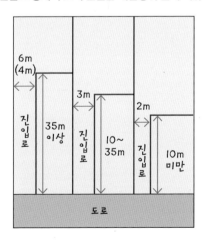

니 4m 도로 요건을 다시 맞춰야 하는데, ㄱ자 형태로 분할을 하면 '막다른 도로 규정'을 적용해 4m가 아닌 대지가 도로에 2~6m를 접하면 되는 것이다. 하지만 이런 식으로 분할하는 형태가 늘자 제주도에서는 진입로 형태의 토지 분할은 개발행위 허가를 내주지 않는 경우가 많아지고 있으니 신중을 요한다.

보전지구를
확인하라

보전지구란 현 상태를 보존해서 후대에 전하는 목적으로 지정된 곳으로 개발이 억제되는 곳이다. 제주도는 크게 3가지 보전지구로 구분되는데 바로 지하수자원보전지구, 경관보전지구, 생태계보전지구다. 이 3개의 보전지구는 각각 1~5등급으로 세분화되는데 1등급은 규제가 매우 강해 개발행위가 되지 않는다. 2, 3등급은 개발행위 가능 여부를 확인해봐야 한다. 필지마다 적용 기준이 달라 가능할 수도, 불가능할 수도 있기 때문이다. 초보자들에게는 3등급 이상의 토지 매수를 추천한다.

생태계보전지구는 4등급이 4-1등급, 4-2등급으로 나뉘는데,

보전지구 종류와 등급이 표기된 해당 필지

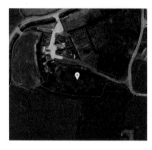

지역지구등 지정여부	「국토의 계획 및 이용에 관한 법률」에 따른 지역·지구등	계획관리지역
	다른 법령 등에 따른 지역·지구등	경관보전지구5등급<제주특별자치도 설치 및 국제자유도시 조성을 위한 특별법> , 생태계보전지구4-1등급(저촉) <제주특별자치도 설치 및 국제자유도시 조성을 위한 특별법> , 생태계보전지구5등급(저촉)<제주특별자치도 설치 및 국제자유도시 조성을 위한 특별법> , 지하수자원보전4등급<제주특별자치도 설치 및 국제자유도시 조성을 위한 특별법> , 지하수자원특별관리구역<제주특별자치도 설치 및 국제자유도시 조성을 위한 특별법>

4-1등급은 전체 토지의 50%만 개발이 가능하다. 예를 들어 200평이 있고 건폐율이 20%라면 바닥면적 40평이 아닌 20평을 지을 수 있다. 3등급은 전체 토지의 30%가 개발 가능해 200평 건폐율 20%라면 12평밖에 지을 수 없어 투자 가치가 떨어진다. 따라서 해당 필지의 토지이용계획원에 몇 등급의 보전지구가 표기되어 있는지 반드시 확인해야 한다.

제주도 땅은 시세가 없더란 말이 정답일 수 있다. 수요자는 많은데 공급이 받쳐주지 못하니 그렇다. 소개받은 토지가 싸다면 상수도 인입 가능 여부, 도로 접합 여부, 보전지구 여부를 의심해봐야 한다.

제주도, 이 지역을 눈여겨봐라

북쪽 제주시 중심지와 남쪽 서귀포 중심지는 상당히 지가가 비싸므로 제주 동쪽에 제2공항 주변과 서쪽에 영어교육도시, 신화역사공원 주변으로 생각해봐야 한다. 5년 전 내가 발품 팔며 제주도를 조사하러 다닐 당시 서귀포 표선면 세화리의 토지가 평당 10~15만 원 정도였다. 지금의 표선면은 제2공항 개발 여파로 도로에 잘 붙어있는 토지 땅값이 200~300만 원까지 상승했다. 제2공항 발표 이후 인근인 표선면, 남원, 위로는 구좌읍이 크게 상승했다.

제2공항이 2020년까지 보상 완료되고 착공에 들어가면 더 많은 지가상승이 예상된다. 성산읍 원주민들은 농사를 짓고 생활한 터라 토지 보상을 받고 주변에 다시 농사를 짓기 위해 토지를 사들일 것 역시 뻔하다(대토). 표선, 남원, 구좌 해안가 쪽으로는 비싸니 더욱 저렴한 안쪽 중상 간 지역에 투자하는 게 좋다.

서쪽의 큰 호재는 영어교육 도시와 신화역사공원이다. 현재 한참 착공 중이며 완공 시점에 주변에 토지는 크게 지가상승할 것이다. 대정읍과 한경면의 토지를 눈여겨보도록 하자.

산업단지가
막강하다

토지 투자를 이제 막 시작하는 사람일지라도 '평택'은 아주 핫한 지역으로 인식돼 있을 정도로 유명하다. 4~5년 전부터 평택이나 제주도를 자주 다니며 조사한 나는 평택이 참 친근하다. 평택은 산업단지, 도로, 철도, 크고 작은 신도시 등 많은 개발호재가 있는 지역으로 현재 투자자들에게 가장 인기 있는 지역이다.

어느 지역이 됐든 대규모 산업단지들이 들어서는 지역은 많은 발전이 이뤄졌으며 지가 상승도 높다는 것은 기본적으로 알 것이다. 그곳에 1~2위를 다투는 대기업이 들어온다면 더 좋을 것이고, 산업단지의 규모가 크면 클수록 영향이 높을 것이다. 평택은 조성이

20여 개의 산업단지들

완료된 곳과 추진 중인 산입단지들이 20개 정도며, 그중 주요산업 단지는 다음과 같다.

> **주요 산업단지**
>
> - 고덕국제화 첨단산업단지(삼성) 100조 투자 – 120만 평
> - 진위산업단지(LG) 60조 투자 – 115만 평
> - 브레인시티 – 146만 평
> - 포승 황해경제 자유구역 – 132만 평

반도체 단일 규모로 세계최대 규모인 삼성전자(17년 7월에 가동 들어감. 수원 기흥 단지의 3배), 기존 공장들과 추가 산업단지 및 가곡택지지구까지 총 115만 평이 개발되는 LG 진위산업단지, 146만 평의 규모로 18년에 보상이 이뤄지는 브레인시티, 현재 공사를 하는 포승 황해경제자유구역 등 여러 대규모 산업단지들로 인해 평택은 지가가 꽤 높은 편이다. 하지만 추진 중인 각 산업단지가 점점 활성화됨과 동시에 지가는 더 높아질 것이다. 삼성이 자리 잡은 고덕지구에서 약 2km 정도 거리에 집만 지을 수 있는 계획관리지역 토지가 $3.3m^2$당 200~300만 원 선에 지가가 형성되어 있다. 지역별로 고덕 〉 진위 〉 브레인시티 〉 황해경제 자유 구역 순으로 지가가 높다고 보면 될 것이다.

미군기지 이전으로
가치가 높다

444만 평의 규모로 2019년까지(일부 지연될 수 있음) 미군 1만 3,000명이 입주하고 군부내 종사자, 일반 근로자 등과 그 가족까지 합하면 5만여 명이 몰리게 되는 곳이 팽성이다. 미군 이전 발표가 된 시점부터 말이 나왔던 미군을 상대로 하는 렌달 하우스로 인해 현재도 삼성이 들어간 고덕만큼이나 높은 지가를 형성하고 있다. 내 기억으로는 4년 전 미군기지에서 1km 안에 있는 원룸을 지을 수 있는 계획관리 토지의 가격이 60~70만 원이었지만, 현재는 최소 300~400만 원 이상으로 지가가 올라와 있다. 앞으로도 더 많은 개발과 상권형성, 인구가 유입될 것이라 지가는 어느 정도 더 오를 것으로 보인다. SOFA 협약으로 인해 최소 2060년까지 미군이 주둔

하므로 자금이 충분히 있는 투자자들은 좋은 위치에 저렴하게 나온 토지가 있다면 노려볼 만하다.

교통이 발달하다

평택에는 SRT와 KTX로 인한 트리플 역세권인 지제역, 서해안 복선전철과 포승~평택 간 노선으로 인한 더블역세권인 안중역이 있다. 경부고속도로와 평택~제천고속도로가 있고 평택호 횡단도로나 제2서해안고속도로 등 많은 교통 호재들이 있어 새로 생기는 역사 주변이나 IC 등의 주변을 눈여겨봐야 할 것이다. 지제역 오른쪽으로는 세교지구를 환지 방식으로 개발 진행 중이며 추가로 더 개발될 것이라는 기대감에 역 왼쪽에 있는 농림지역 토지들은 3.3㎡당 400~500만 원을 부르고 있다. 안중역 주변으로 농림지역 토지의 경우 200~300만 원 정도로 지가가 형성되어 있고 농림지역이 아닌 건축 가능한 계획관리 토지의 경우 500~600만 원까지도 말이 나오는 상태다.

평택에서도
숨은 진주를 찾아라

평택 전 지역이 들썩이는 수도권 대형 호재지역이라 평택지역 대부분 땅이 비싸고, 소액으로 투자할 수 있는 땅을 찾기 힘든 것이 사실이다. 삼성 영향력이 큰 고덕국제신도시가 위치한 고덕면 일대는 말할 것도 없다. 그렇다면 소액으로 투자할 수 있는 토지는 전혀 없다는 것인가? 비록 예전에 비해 지가가 상승했지만, 평택 전 지역이 오를 대로 오른 건 아니다. 평택 안에서도 아직 시작하지 않은 개발 호재들로 인해 앞으로도 많은 개발과 인구유입이 있을 것이므로 분명 가격이 더 오를 곳이 있다. 따라서 자금이 어느 정도 있는 투자자들에게는 가장 좋은 곳이라고 판단되는 지역이 평택이다.

당진이나 부안보다 높은 투자금이 필요할지는 몰라도, 고덕 일대보다는 저렴한 곳이 바로 포승, 안중, 현덕면 쪽이다. 아산산업단지와 평택항이 있으며 황해경제 자유 구역 중 포승지구와 화양지구가있는 포승읍, 서해안 복선전철(안중역)과 송담지구가 있는 안중읍,황해 경제자유구역 중 현덕지구와 관광호 및 최근 발표된 평택항배후지역 등이 있는 현덕면을 추천한다. 이곳은 서쪽으로 평택항이있어 입지가 좋다. 게다가 평택의 중심으로 서해안 복선전철이 지난다는 이유만으로도 무시할 수 없는 토지이기도 하다.

포승, 안중, 현덕면 개발 호재

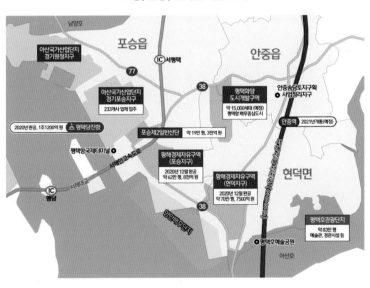

이처럼 각 호재가 있는 도시에서도 얼마든지 저평가된 지역을 찾을 수 있다. 제대로 된 부동산 투자법은 전체의 큰 그림에서 쪼개고, 쪼개면서 좁혀가는 것의 묘미라고 볼 수 있다. 이 방법을 토지에 맞게 활용해보면 나만의 소액 투자처를 발견할 수 있을 것이다.

세종시 신도시급 택지개발 예정

세종시는 대한민국 중앙부에 있는 특별자치시로 시의 이름은 국민 공모를 통해 선정되었으며, 조선 세종의 묘호를 따서 세상世의 으뜸宗이라는 의미를 담고 있다. 시의 중심으로 금강과 미호천이 흐르고 남쪽으로 대전광역시, 서쪽으로 충청남도 공주시, 동쪽으로 충청북도 청주시, 북쪽으로 충청남도 천안시와 접한다. 옛 충청남도 연기군 전체와 공주시 일부(현 장군면), 충청북도 청원군 일부(현 부강면)를 편입해 2012년 7월 1일에 출범했다. 국토 균형발전의 가치를 실현하고 서울의 과밀화를 해결하기 위해 혁신도시 사업과 연계해 노무현 정부 시절부터 한솔동, 도담동 일대를 중심으로 행정중심복합도시가 조성되며 서울과 과천에 분산되어 있던 정부 기관

정부세종청사 전경

이 정부세종청사로 이전되었다.

LH, 대규모 택지개발 예정

세종시 착공 10주년을 맞이하며 본격적인 2단계 사업이 시작된 가운데 LH가 세종시 인근에서 신도시급의 대규모 택지개발에 나섰다. 공동주택 8,000여 가구 규모를 건설할 수 있는 부지로, 2018년 6월께에 대략적인 윤곽이 나올 전망이다. LH는 세종시 일원의 약 53만㎡ 부지에 대한 도시개발 사업 추진을 검토 중이며 6개월 안에 지구단위계획을 설정하고 토지이용 구상안과 수익성 분석을 마칠 계획이다. 세종시 인근에서 이 같은 대규모 택지개발이 진행되는 것은 약 5년 만으로 앞으로 토지 매입을 위한 2조 원 규모의 추가 투자가 진행됨을 시사하는 대목이다. LH 측은 대규모 택지개발 사업을 진행하는 후보지의 구체적인 위치를 철저히 함구하며 보완 관리에 신경 쓰는 모습이다. 투기 우려를 의식한 탓이다. 그런데도 사업이 진행될 만한 유력 지역으로 세종시 남부의 일부 지역이 꼽힌다. 해당 지역의 토지 약 53만㎡ 부지, 413필지에 대해 세종시가 2014년 한 차례 토지측량을 하며 토지 구획 및 소유자에 대한 전수 조사를 했기 때문이다.

전국 교통망의 중심이 될
세종

1. KTX 세종역 예정

세종역 설치 추진지

KTX 세종역의 예정지와 주변 지역인 금남면 발산·용포리 일대 167필지 약 20만㎡를 세종시가 2017년 12월부터 3년간 개발행위 제한지역으로 지정했다. 「국토의계획및이용에관한법률(63조)」에 따라 시·도지사는 개발행위로 인해 주변의 환경·경관 등이 크게 오염되거나 손상될 우려가 있는 지역에 대해 3년 범위에서 허가 제한을 할 수 있다. 2017년 초에 국토부에서 세종역 타당성 조사를 했지만, 기준에서 미달하자 세종시는 이 일대를 3년간 개발행위 제한지역으로 지정했다. 이는 3년 안에 인구가 급격히 늘어나면 타당성 조사를 통과할 확률이 높아지니 언제든 세종역이 들어설 수 있는 환경을 만들어놓은 것으로 풀이된다.

2. 서울~세종고속도로

세종시는 교통이 매우 큰 호재다. 당초 민자사업으로 추진해온 서울~세종고속도로는 한국도로공사로 사업 방식을 전환하고 개통 시기를 1년 6개월 단축해 2024년 6월 조기 완공될 방침이다. 고속도로가 완공되면 서울~세종 소요시간이 70분대로 줄어든다.

서울~세종 간 고속도로 IC인근에 산업단지와 기업들이 많이 들어오고 있다. 전동면에 있는 노장산업단지, 청송산업단지 외에도 근처에 세종벤처밸리 산업단지가 추진 중이다. 또한, 각종 기업들과 MOU(투자에 합의한 사항을 명시한 문서)를 체결했다는 말이 있다.

심중리에는 철도산업단지(신 교통산업단지)가 들어설 계획이 있다.

전의면에 있는 전의산업단지는 여러 기업들이 입주해 있고 그 인근에 고등산업단지, 미래산업단지 등이 생겼다. 또한, 복합산업단지가 추진 중이고 황토테마파크가 확정되었으며, 전의면에 1,700세대 아파트를 신축할 예정이다. 전의면 달전리에는 '세종레이캐슬 CC 골프&리조트'가 들어서고 있다. 1,600여억 원을 들여 41만평에 들어서는 이곳은 2019년 10월 완공을 목표로 롯데건설에서 시공하고 있다.

3. 세종~청주고속도로

세종~청주고속도로 사업이 본격 추진되면서 내년 타당성 조사를 거쳐 2024년이면 첫 삽을 떠 2030년이면 완공될 것으로 보인다. 이 사업은 총사업비 8,000여억 원을 들여 연기면 지역(서울~세종고속도로)과 청주 분기점(당진~영덕고속도로) 20㎞를 잇는 것이다. 세종~청주고속도로가 건설되면 충남 대산·당진과 경북 영덕을 잇는 321㎞ 동서 4축 고속도로의 모든 구간이 갖춰지게 돼 더욱 가치가 높아질 것이다.

4. 외국계 대학교 건립

세종시 안에 2개의 외국계 대학교가 들어설 예정이다. 아일랜드 '트리니티 대학'과 이탈리아 '산타 체칠리아 국립음악원(소프라노 조수미 씨의 모교로 유명함)이다. 이 대학들은 세종시 4-2 대학교 부지 안에 공동으로 캠퍼스가 형성될 예정이다. 국립음악원은 조금 빨리 들어올 예정인데 캠퍼스 완공까지 시간이 걸리니 상가건물 형태로 들어왔다가 나중에 공동캠퍼스 안에 들어갈 예정으로 보인다.

세종시 지가 현황,
주목할 지역

2017년 8월, 세종시가 장군면 대교리 일대 84필지(면적 7만 5,000 ㎡)를 농업진흥지역(보호구역)에서 해제했다. 세종시 지가는 위치에 따라 천차만별이다. 3.3㎡당 60만 원인 땅도 있는가 하면 1,000만 원이 훌쩍 넘는 땅도 있다. 6차선 도로에 접한 장군면 봉안교차로 토지는 3.3㎡당 800~1,000만 원이 형성돼 있고, 그 이후 대교리까지 1 생활권 접어드는 2차선 도로에 접한 토지는 500~600만 원 선이다. 이 지역에서 200~300만 원 땅을 찾으려면 거리가 좀 떨어져 있어야 가능하다.

서세종IC 나와서 세종으로 들어오는 은용리 인근은 도로에 접한 땅이 200~300만 원 선이다. 연서면 부동리 조치원산업단지가 위치한 연기사거리는 500~700만 원의 시세가 형성돼 있고 사거리와 조금 멀어지면 400만 원 선이다. 부동리, 와촌리도 안쪽으로 들어가면 70~80만 원 하는 지역도 꽤 있다.

아무래도 지가는 면 소재지(중심지)가 비쌀 수밖에 없다. 전동면사무소가 위치한 면 소재지에서 도로에 접한 토지는 300만 원 전후이며 읍내리 면 소재지는 300~500만 원을 호가할 정도로 면 소재지 중심지역의 도로에 접한 토지는 가격이 높다. 하지만 면 소재지에서 조금 떨어지면 60~120만 원 정도의 시세를 보인다. 따라서 비싼 면 소재지보다 제2경부고속도로 IC가 신설될 예정인 전의면, 전동면의 면 소재지 인근 마을에 60~100만 원대 저평가된 토지를 노려야 한다. 또한, KTX 세종역이 들어설 금남면 발산리 인근의 토지들도 주목할 필요가 있다.

현 정부와 소통이 잘되는 세종시

문재인 대통령 당선으로 세종시는 좋은 영향을 받았다. 행정수도 완성을 목표로 한 국회 분원도 호재다. 하지만 8·2대책으로 투기지역으로 규제되어 주택 구입 시 대출이 억제되는 점은 난관이다. 하지만 이는 어디까지나 주택 얘기로 토지에 영향을 미치지 않는다.

최근 여당(더불어민주당)은 의원총회를 열어 헌법 조항을 수정하거나 신설하는 개헌안 당론에 대해 논의했는데, 특히 개헌안에 '행정수도는 세종시'라는 조항을 삽입하자는 데 뜻을 모았다. 이 조항이 국회를 통과해 신설되면 '수도는 서울, 행정수도는 세종'이 되는 것으로 세종시에 호재로 작용한다.

무에서 유를 창조한 새만금

새만금사업은 부안~군산을 연결하는 세계 최장의 방조제 (33.9km)를 축조해 간척토지를 조성하는 사업이다. '새만금'의 유래는 김제·만경평야를 일컬어왔던 '금만'을 말을 바꾸어 '만금'에 새롭다는 '새'자는 것을 붙여 '새만금'이다. 즉 김제·만경평야와 같은 새로운 광활한 땅이 만들어진다는 뜻을 함축하고 있다.

새만금종합개발사업이 1989년 발표되었으니 근 30년 가까이 끌어온 사업이다. 2013년 9월 새만금 개발청이 출범하기 전까지만 해도 사람들은 '정말 될까?' 하며 반신반의했던 국책사업이기도 했다. 새만금은 새로운 국토를 만들어 그 안에 경제, 문화, 주거, 농업 등을 아우르는 공간을 만드는 사업이었다. 무에서 유를 창조하는 사업인 만큼 그 시간은 길고 각종 잡음과 중단으로 이어졌다. 방조제를 막는 과정에서 갯벌을 죽인다며 환경단체가 반발해 소송을 거치기도 했다. 그래서 일반 사람들은 새만금사업을 상대적으로 실패한 사업 혹은 가능성 없는 사업이란 생각을 하는 듯하다. 그러나 사람들이 제주, 세종, 평택, 원주 등 눈에 보이는 개발 사업에 빠져 있는 사이 새만금은 벌써 그 발전을 이룩하고 있다.

일부 탁상론자들이 새만금사업이 30년 이상이나 진행된 사업이고 앞으로도 멀었다고 말하지만, 이것은 직접 새만금을 둘러보지 않아서 하는 말이다. 새만금 개발청이 생기며 명실상부한 국책사업으로 자리매김하며 탄력을 받은 새만금사업은 서울 면적의 2/3 정도의 크기로 1억 평이 넘는 개발부지에 산업단지와 관광단지, 그리

세계 최고 길이인 새만금 방조제

새만금 조감도

새만금 잼버리 개최지 확정을 방송한 뉴스 화면

고 국제협력용지 등을 만드는 사업이다. 전국에서 가장 큰 개발 호재로 볼 수 있으며 내부도로 착공과 예산 편성 등 개발이 활발히 진행 중이다.

2022년 새만금 1단계 개발(22조 원 투자)이 완료되면 호텔과 같은 각종 숙박시설과 테마파크, 각종 스포츠 공간이 조성되는 복합적 개발로 부안을 상징하는 거점이 될 예정이다. 또한, 전 세계 168개국 5만여 명의 청소년이 참가하는 2023년 세계 잼버리 대회 개최지가 새만금으로 선정된 만큼 경제적 효과를 톡톡히 볼 것이다.

새만금사업의
최대 수혜지, 부안

나는 항상 토지 투자에서 중요한 요소는 인구와 교통망, 그리고 기업(또는 국책사업)이리고 강조한다. 이 3박자가 잘 짜여 있는 곳이 바로 부안이다. 사실 새만금은 군산, 김제, 부안지역을 포함한다. 그런데도 부안을 주목하는 이유는 군산과 김제보다 상승 가치가 높기 때문이다. 군산은 부안보다 5배 이상 인구가 많아 산업화가 진행되어 이미 지가가 많이 상승해 있다. 이로 인해 부안보다 투자비가 2~3배 높이 소요된다. 김제는 산업개발보다는 농업을 장려하는 지역으로, 새만금사업의 영향을 받는다 한들 주변에 미치는 파급력이 크지 않다. 부안은 군산보다 저평가되어 있어 소액 투자가 가능하고, 새만금 관리청이 1차 개발로 부안 관광단지를 먼저 개발할 계획이므로 지가 상승의 효과를 톡톡히 누릴 수 있는 곳이다. 부안 지가가 지난 2016년보다 8% 이상 상승률을 기록하며 대한민국 토지 투자의 유망지역인 제주, 세종 등과 어깨를 나란히 하는 점만 봐도 이를 대변한다.

새만금사업은 국책사업이다. 국책사업은 말 그대로 국가가 진행하는 사업으로, 대기업이 진행하는 개발계획보다 훨씬 규모가 방대하고 확실한 장점이 있다. 2017년 문재인 정부에서 새만금사업 속도를 높이고 있고, 새만금 국제공항, 신항만, 물류 교통망 조기 구축 등을 직접 명시해 투자자들의 발길이 끊이지 않는 지역이 바로 부안이다. 혹자는 지금 투자하기엔 늦었다는 분도 있고, 투자자들이 몰려 거품이 꼈다는 분들도 있다. 물론 일부 그런 지역 토지도 있지만, 새만금 토지가 모두 그런 것은 아니다. 여의도 면적의 140배가 넘는 새만금 개발지는 그 주위 토지도 수천 평이다. 저평가된 땅을 발품 팔아 잘 고르기만 하면 절대 손해 보지 않을 지역이다.

아직은 허허벌판

아직 새만금은 실수요자가 지가상승을 이끌지는 않는다. 뭔가 인구가 유입되는 건물을 짓거나 리조트가 만들어지는 상황이 아니기 때문이다. 새만금사업이 진행될수록 새만금 사업지 인근 부동산사

지금은 주변이 허허벌판이지만, 시간이 지난 후 가치가 달라진다

무소의 열기도 더해가고 있지만 투자할 새만금 토지는 아직 허허벌판이다. 수도권 산업단지나 아파트 공사 현장처럼 하루하루 건물이 올라가는 게 눈에 보이진 않는다. 사방을 둘러봐도 온통 논과 밭인 이곳이 다 똑같아 보일 수는 있으나 다르다는 점을 명심하자. 겉보기에는 같은 논이라도, 시간이 지난 후 개발하는 곳에 따라 땅의 가치가 달라지기 때문이다. 따라서 투자 전 '용도지역' 확인은 필수다.

값이 오르는 게
눈에 보인다

내가 2012~2013년도에 한창 새만금을 둘러볼 때는 방조제가 개통된 지 얼마 되지 않아 사람들도 잘 모르고 있는 시기였다. 새만금 주변 정세도 살필 겸 변산반도 및 방조제를 방문했는데 예전의 시골 느낌을 물씬 풍기는 동네였다.

방조제 앞(개발지) 인근 하서면 백련리, 장신리 일대가 3.3㎡당 20만 원대로 매력적인 동네였다. 이에 발 빠르게 회원들에게 새만금의 미래와 발전 가능성을 알려주고 소개를 했다. 회원들의 초기 투자금은 4,000만 원 정도였는데, 지금은 1억 원 가까이 오를 정도로 2배 이상의 수익을 얻고 있다.

하지만 이게 끝이 아니다. 새만금은 아직까지도 다른 지역 개발지 인근보다 저렴한 편이라 지속적인 지가가 상승할 예정이므로 투자 가치가 높다.

사실 아직까지 '부안'이라고 하면 시골 이미지를 생각하는 분들이 많다. 새만금사업이 완료된 것이 아니니 이 말이 틀린 말은 아니나 부안 중심의 상업지는 평균 3.3㎡당 1,000만 원 정도 지가를 보일 정도로 활성화돼 있다.

또한, 2015년 2월에 분양한 미소○○아파트만 봐도 부안의 열기를 느낄 수 있다. LH에서 분양한 이 아파트는 30평대 분양가가 1억 5,000만 원이었는데 현재 2억 2,000만 원에 거래될 정도로 가격이 많이 올랐다. 일반적으로 시골 마을은 유동인구가 빠져나가므로 집값이 정체되거나 하락하는데 부안은 정반대다. 그만큼 수요가 많다는 뜻을 보여주는 것으로 인구가 늘어나고 있다는 방증이다. 갈수록 늘어나는 수요에 맞춰 앞으로도 주거공간이 더 많이 필요할 것이다.

이곳을 주목하라

우선 부안 변산면, 하서면, 상서면, 계화면 일대는 새만금사업의 직접적 수혜지로 구분된다. 이들 지역에는 훗날 펜션 등의 관광객을 대상으로 하는 개발 사업을 해도 좋은 사업 아이템이 될 수 있다. 부안읍 인근이나 행안면, 동진면 일대는 부안 시내와 가까워 인구유입으로 활성화될 상업시설 및 주거지역으로서의 발전을 기대할 만하다.

개발지 바로 앞 토지들은 3.3㎡당 55~80만 원가량이지만 기타 개발 호재가 있는 지역들과 비교해보면 아직 저평가되어 있다고 판단된다. 부동산 사무소에 전화로만 문의하면 좋은 물건을 찾기 쉽지 않으므로 발품을 팔아 골라야 한다.

개발지인 하서면과 계화면, 변산면은 비교적 지가가 조금 높게 형성되어 있는 편이니 개발지에서 너무 먼 거리가 아니라면 서서히 개발 여파를 받을 개발지 주변 지역들을 공략하는 것도 한 방법이다.

소액 투자가 가능해
더욱 매력적인 새만금

제주와 세종, 평택은 아직도 투자 유망 지역이지만, 이미 그 지가가 많이 올라 개미 투자자들이 쉽게 접근할 수 없는 지역이기도 하다. 그에 비해 새만금 지역은 국책사업임에도 불구하고 환경단체 등의 문제로 조금씩 개발이 더뎌져 비교적 저평가되었던 지역이다. 그러나 약 2~3년 전부터 새만금 개발이 본격 활성화되며 부안을 찾는 토지 투자자들의 발길이 끊이지 않고 있다. 앞서 언급했듯 부안은 새만금 잼버리 개최와 문재인 정부의 새만금 개발 사업 가속화 정책을 필두로 지가 상승이 꾸준히 될 예정이다. 1억 원 미만의 적은 투자금으로도 큰 투자 수익을 기대할 수 있는 지역인 새만금, 부안은 토지 투자자들이 유심히 봐야 할 지역이니 명심해두자.

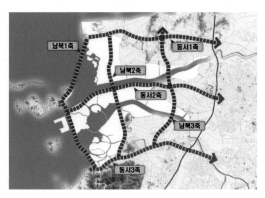

새만금 도로

그중에서도 도로 주변을 주목하라

새만금은 크게 3개의 동서, 남북 도로를 기점으로 조성되고 있다. 부안IC를 지나 메인도로가 되는 30번(동서 3축) 국도, 군산공항으로 직행하게 될 남북 2축 역시 주요 도로가 될 곳이다. 남북 3축 인근 지역도 눈여겨보는 것이 좋다.

눈부신 발전 속도를 보인 당진

'상전벽해(桑田碧海)'

뽕나무밭이 푸른 바다로 변한다는 뜻으로, 세상이 몰라볼 정도로 변함을 비유한 말이다. 충남 당진시만큼 이 말에 들어맞는 지역도 드물다. 전통적인 농어촌에서 국내 최대 철강단지로 탈바꿈한 당진의 발전 속도는 눈부실 정도다. 이는 각종 통계 수치에서도 명확하게 드러난다. 한보철강(현대제철 인수)이 부도난 1997년, 12만 명에 그치던 인구가 현재 17만 명에 이르고, 기업체도 7,000여 개에서 1만 개로 늘어났다. 관광객 또한 120여만 명에서 1,000만 명으로 급증했다.

송산산업단지 내 현대제철 전경

당진의 비약적인 발전을 이끈 것은 서해안고속도로 개통이다. 수도권을 연결하는 당진의 관문으로 자리 잡은 이 고속도로의 서해대교는 당진시 복운리와 경기 평택시 포승읍 내기리를 이으며 서해안고속도로를 상징하는 구조물이 됐다.

서해안고속도로는 하루 통행량이 8만여 대에 이르며, 서울과 인천 등 수도권과의 거리를 1시간으로 단축시켜 서해안 전역뿐 아니라 당진 발전을 이끄는 핵심 동맥이 됐다. 여기에 당진~대전고속도로까지 생겨 동쪽 지역과의 통행도 원활해졌다. 추가로 제2서해안고속도로, 당진~천안고속도로, 당진~대산고속도로가 건설될 예정이다. 특히 서해안 복선전철(2020년 개통예정)이 개통되면 향후 서울에서 철도를 통해 40분대에 도착이 가능한 당진은 명실상부 수도권의 위상을 갖추게 된다.

철강의 도시, 당진

당진의 철강산업 규모는 국내 철강산업 본거지인 포항과 견줄만한 정도다. 현대제철, 동부제철, 동국제강, 휴스틸, 환영 철강 등 대형 철강업체의 본 공장이 당진에 있다. 당진의 철강 생산량은 국내의 30%를 넘어서고 있다. 현대제철은 제4고로(용광로)를 석문산업단지에 증설 계획을 갖고 있다.

대규모 산업단지가
즐비하다

　다른 지역에는 하나 들어서기 힘든 대규모 산업단지가 당진에는 즐비하다. 송산산업단지, 당진 고대, 부곡지구 등이 이미 분양이 완료되어 공장 가동 중이며, 최근 송산 제2 산업단지와 석문국가산업단지 등이 개발 공사 및 분양을 하는 중이다. 평택의 지가가 하늘 높이 치솟으며 평택 산업단지로 들어서기에는 투자금이 적은 중소기업까지 당진으로 몰려 더욱 수요가 증가했다. 수도권과 가깝고 도로 여건이 좋으며 평택 서해대교를 지나면 바로 입지한 당진을 선호할 수밖에 없기에 앞으로도 중소기업들이 지속적으로 당진으로 몰릴 것은 분명한 일이다.

　이러한 산업과 물류의 발전은 지역의 인구를 크게 증가시켜 당진

시 인구는 17만 명을 넘어 충남에서 천안, 아산에 이어 3위이며, 특히 산업단지 면적은 충남에서 가장 넓다.

중국무역의 전초기지 평택·당진항

2017년 전국 물동량 증가 1위를 기록한 평택·당진항은 초광역개발의 서해안 벨트에서 거점 항만으로 기능하고 있다. 이곳은 경부고속도로, 서해안고속도로, 평택~음성고속도로, 당진~상주고속도로 등과 인접해 수도권과의 접근성 역시 뛰어나 광역배후지를 형성하기에도 매우 유리한 위치다. 또한, 최근 발표된 당진 에어시티는 2019년까지 경비행장과 항공물류센터를 만들어 중국과 항공물류를 진행할 예정이며 2030년엔 정식 공항으로 확장할 계획이다.

이처럼 대규모 산업단지들과 육·해·공 사통팔달의 교통망을 필두로 당진은 2012년 시로 승격 이후 인구증가율과 고용증가율이 전국에서 1~2위를 차지할 정도로 성장하고 있으며 2030년 계획인구는 50만 명에 이른다. 이는 제주도와 안양시, 안산시와 비슷한 인구로 당진의 성장을 고려한다면 서해안에서 비교적 저렴한 투자 비용으로 최고의 수익을 거둘 수 있는 알토란 같은 지역이라고 볼 수 있다.

합덕역을
주목하자

　당진은 도로, 철도, 항만, 공항 등 어느 하나 빠질 것 없이 교통망이 발달해 있다. 당진과 서울은 차량으로 약 1시간 거리로 서해안고속도로를 통해 직접 연결되어 있으며, 2016년 5월 착공해 2020년 개통을 앞둔 서해안 복선전철은 토지 투자자라면 누구나 한 번쯤은 들어보았을 교통 호재다. 특히 현재(2018년 1월) 더블역세권으로 발표된 당진 합덕역(서해안 복선전철과 아산~석문선)은 추후 서해선을 추가해 트리플역사를 준비 중이다.

　처음 서해안 복선전철이 개발 발표가 났을 당시 합덕역사 근처 주변 농림지들은 10~20만 원 선이었으나 2018년 1월 현재 3.3㎡당 50~100만 원 선까지 오른 상태다. 지가가 많이 올랐다고 생각할

당진 합덕역	합덕역 조감도
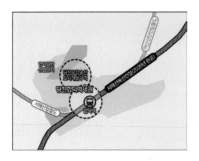	

수 있겠지만 같은 서해안 복선전철 역사인 화성 향남역이나 평택 안중역 주변 토지들이 200~300만 원 정도의 시세인 것을 감안하면 당진 합덕역은 비교적 저렴하게 트리플역세권 투자로 더욱 그 가치가 오를 것을 가늠할 수 있다.

여기서 잠깐!

역세권 투자를 할 때 역사에서 1km 거리 내로 투지를 해야 하며 그 이상 거리에 토지는 비교적 가치가 떨어진다고 볼 수 있다. 또한, 0~300m 거리는 추후 주차장이나 공원 등으로 수용당할 수 있기 때문에 위험한 부분이 있어 보통 역사에서 300~500m 거리가 가장 비싸고 멀어질수록 지가는 점점 낮아진다. 또한, 역세권 투자는 감보율이나 과소 면적 등을 잘 생각해야 하는 것에 주의하자!

당진,
이곳이 투자 포인트다

당진 중심지를 비롯해 현대제철과 송산 부곡, 고대지구가 위치한 송산면과 송악읍은 현재 지가가 많이 오른 상태다. 따라서 소액 투자자는 당진 내에서 아직 비교적 저렴하고 투자 가치가 뛰어난 우두동과 합덕 역세권, 그리고 석문국가산업단지 근처를 눈여겨봐야 한다. 민간 택지로 보상이 높았던 당진 1 도시개발구역이자 CGV가 있는 우두동은 추가로 개발할 우두지구를 위해 현지에서 조합원 결성 중이라는 정보가 있다. 또한, 도시계획시설도로의 보상이 예정인 점도 우두동의 투자 가치를 더해주고 있다.

합덕역과 우두동, 채운동 이외에도 석문국가산업단지와 석문~아산선, 공항이 예정된 석문면과 고대면 역시 당진의 대표 투자처다.

따라서 석문산업단지와 배후주거지역, 에어시티 주변을 눈여겨봐야 할 것이다.

이처럼 개발 호재가 많은 당진이지만 모든 토지가 가치 있는 것은 아니다. 세간에는 '당진'을 내세워 개발 호재가 없는 정미면이나 대호지면(농사짓는 토지가 많음) 토지를 컨설팅하는 데 주의가 필요하다. 예를 들어, 이곳을 3.3㎡당 10만 원에 구입했다 한들 결과적으로 80만 원의 개발지 땅보다 1/8을 싸게 산 것이 아니라는 것이다. 땅이란 구입한 후 올라야 가치가 있는 것이지 몇 년이 지나도 그대로 10만 원이라면 왜 투자하겠는가! 따라서 당진의 모든 토지가 가치 있는 것이 아니므로 실전 전문가에게 자문을 구한 뒤 투자해 소

석문국가산업단지와 배후 주거지역, 에어시티 예정지

여기서
잠깐!

에어시티 같은 경우 현지에선 무조건 식으로 된다고들 하지만, 아직은 예산 편성까지 된 100% 확정된 상황은 아니니 석문 산단이나 배후 주거지역 주변 지역에 초점을 맞추면 좋을 것이다.

중한 투자금이 장기간 묶이는 일이 없도록 하자.

개발계획을 미리 선점할 수 있다

당진 시책구상보고회 자료 중 일부(당진시 홈페이지에서 볼 수 있다)

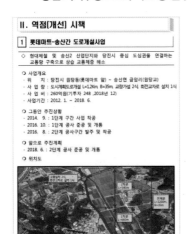

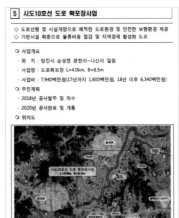

토지 투자에 관심이 많은 자라면 당연히 신설도로와 확포장도로가 건설되는 지역을 눈여겨봐야 한다. 도로 등이 생길 곳을 미리 알고 투자한다면 그만큼 높은 수익을 볼 수 있다. 맹지였다가 맹지가 아닌 땅으로 탈바꿈될 수 있는 토지는 참으로 매력적이다. 2017년 9월 발표된 '2018년 시책구상보고회' 자료에 따르면 당진 내에 수많은 도로들이 신설 및 확포장 계획 중이다. 이렇게 미래계획도로나 확포장도로가 생기는 지역 토지 혹은 그 주변에 투자하는 것이 좋으며 이러한 정보들은 각 지자체 홈페이지에서 보도자료 등으로 발표하니 자주 확인하면 좋다.

내 덕분에
대박 난 회원들

약 1년 6개월 전의 일이다. 평소 지역분석을 꼼꼼히 하는 나는 당진시 채운동 산 ○○번지에 아파트가 들어설 목적으로 조합원이 결성됐다는 소식을 알았다. 원래 ○○건설이 시행하려고 했는데 다른 건설사에 시행을 넘겼다는 소식을 접했다. 현재 2종 일반주거지역, 준보전산지인 임야가 아파트로 변신하는 순간 인근 지가에 큰 파급력이 미칠 것은 자명한 일이다. 물론 이 소식을 알고 있는 사람은 많지 않았다. 토지주들이 소식을 알았다면 어느 누가 땅을 내놓겠는가!

나는 아파트가 들어설 부지 인근의 땅들을 찾기 시작했다. 아파트에 편입되는 땅은 보상받고 끝나니 큰 매력이 없지만, 현재 논과 밭인 인근 땅들은 과거를 몰라볼 정도로 변신할 것이기 때문이다. 지속해서 발품을 팔고 중개사무소 사장님들과 친분을 활용한 덕에 마침 적합한 자연녹지지역 토지를 발견, 계약을 성사시켰다. 사실 이땅은 나도 너무 탐나는 자리였지만 당시 다른 곳들에 투자해놓은 상태라 투자금이 부족해 어쩔 수 없이 회원들에게 소개했다. 결과적으로 4명의 회원이 총 4필지를 나눠 개별등기로 분할 투자를 진행했다.

계약이 완료되었고 시간이 흘러 잔금 납부 시기가 2주 후로 다가온 어느 날, 해당 임야에 아파트가 들어선다는 소식이 발표되었다. 물론 아파트가 들어설 것을 예상하고 인접 토지를 계약한 것이지만 이처럼 빨리 개발계획이 발표될 줄 몰랐다. 아직 잔금을 치르기 전이었기에 혹여 토지주가 계약금을 배상하고 계약을 파기하지 않을까 회원들이 전전긍긍했다.

"토지주에게 전화해서 잔금 납부 시기를 앞당기자고 해요. 우리가 지금 당장 잔금을 주면 되잖아요."

한 회원은 지금 당장 잔금을 치르자며 나를 독촉했다. 하지만 내생각은 달랐다. 괜히 잔금을 빨리 납부한다면 토지주도 이상한 낌

새를 눈치챌 가능성이 컸다. 토지주가 사는 곳이 원주라서 이 지역 소식을 빨리 접할 수 없을 것이라 예상해 긁어 부스럼 만들지 않기로 생각하고 회원들은 다독거려 원래 잔금 납부 시기에 잔금을 내기로 했다. 그런데도 회원들은 혹시나 계약파기가 될까 2주 동안 내게 독촉 전화를 끊임없이 해대며 나를 힘들게 만들었다.

결과적으로 2주 사이 토지주로부터 아무 일이 일어나지 않았고, 회원들은 무사히 잔금을 송금해 소유권을 취득할 수 있었다. 내가 피를 말리는 심리전을 쓴 덕분에 회원들이 무사히 취득한 토지는 가격이 상승하는 게 바로 눈에 보였다.

뻔히 오를 땅이지만 이렇게 빨리 개발계획이 발표될지는 미처 몰랐던 땅, 소개는 내가 해줬는데 회원들이 큰돈을 번 구조였다. 그렇다고 회원들에게 감사 사례를 받은 것도 아니었다. 투자한 4명 중 한 분이 휴대전화에 보내온 1,200원짜리 바나나우유 기프티콘이 전부였다.

내가 미워졌다. '없는 돈을 끌어서라도 내가 투자했어야 했는데…' 하며 나를 책망하고 질책했다. '잘되면 내 탓, 안되면 네 탓'이란 말이 여기에도 너무 잘 들어맞았다. 회원들은 마치 본인들이 투자를 잘해 돈을 벌었다는 식으로 나의 성과를 부각하지 않았다.

지금은 우스갯소리로 이 이야기를 할 수 있지만, 당시엔 내가 미워져 꽤 심각했다. 눈앞에서 몇억 원을 놓쳤으니 말이다. 그래도 여전히 대한민국엔 투자할 토지가 많으니 내가 이 일을 계속하고 있는 이유이기도 하다. 흙 속에서 진주가 될 땅을 발견하는 심정은 마치 예술의 경지와 비슷하다. 이는 통찰력을 대변하는 쾌감을 주는 일이다.

섬이
육지가 되다

원산도 위치

충남 보령에 위치한 원산도. 천혜의 자연환경, 안면도와 대천과 지척에 있음에도 그동안 눈에 띄지 않은 지역이었다. 섬이기 때문에 배로 접근해야 하는 불편함으로 개발 가능성이 낮았기 때문이었다. 그런 이곳이 지금은 매우 핫한 지역으로 변모하고 있다. 바로 보령 대천항에서 태안 안면도 영목항까지 14.1㎞ 구간을 해저터널과 해상교량으로 잇는 사업이 진행 중이기 때문이다. 1공구인 대천항에서 원산도 구간은 왕복 4차로 해저터널(6.9㎞)과 접속도로(1.1㎞)로, 2공구인 원산도에서 영목항 구간은 왕복 3차로 해상교량(1.7㎞)과 접속도로(4.4㎞)로 각각 건설된다. 해저터널이 완공되면 국내에서는 가장 길고 세계에서는 다섯 번째로 긴 해저터널로, 대천항~안면도 소요시간 1시간 40분에서 10분으로 단축되며 그 중심에 원산도가 있다. 원산도는 서울 경기 및 전라 충청 등과 접근성이 좋다. 또한, 당진항을 통해 들어오는 중국 여행객들의 관광지로도 거리가 가깝다. 따라서 앞으로 원산도는 제주도에 버금가는 관광지로 탈바꿈할 예정이다.

현재 해저터널이 착공되어 건설 중임에도 이 사실은 알고 있는 사람은 많지 않다. 인근의 대천 주민들 70% 이상이 해저터널이 생기는지조차 모르고 있다. 각종 매체에서 대대적으로 호재를 방송하면 전국에서 몰려드는 투자자들로 혹여나 투기지역으로 지정될까 봐 방송이나 신문 등 매체에 그다지 공개가 되지 않기 때문이다. 원산

원산도~영목항 연륙교 공사 모습

보령 해저터널 건설 중

도 땅이 넓지 않기 때문에 효율적인 개발계획을 완성하려면 투자자들로 인해 지가가 급등하는 것을 방지해야 하므로 정보공개를 하지 않는 관계부처의 전략인 듯하다. 현재 해저터널은 2022년 완공을 목표로 공사가 진행되고 있다. 원래 예정된 완공 시기는 2019년이었지만 터널 공사 도중 해저 석탄층 발견으로 공사가 원활하지 않아 2022년으로 완공 시기가 다소 지연되었다.

대형 리조트가
들어서다

원산도 오봉산과 인근 22만 평 면적에 2,600개 객실인 D리조트가 2018년 착공에 들어갈 예정이다. 이는 우리나라에 현존하는 리조트 중 가장 큰 규모다. 오봉산은 해발 97m로 그다지 높지 않은 산이다. 강원도 인제가 해발 220m에 도심이 위치한 것과 비교하면 이곳은 산을 깎아낼 필요도 없다.

D리조트 사업은 시와 도에서 후원해 줘 공사가 원활한 특징이 있다. 1객실에 차량 한 대만 진입한다고 해도 2,600대의 차량이다. 리조트는 가족 단위 여행객이 많으므로 한 객실당 평균 2~3명만 투숙객을 잡아도 성수기 기준 대략 6,000명 이상이 머무는 곳으로 변

신한다. 연륙교가 2018년 완공되면 먼저 주민들과 공사 차량이 오갈 수 있도록 임시 통행허가가 있을 예정이다. 이때 리조트 공사 차량도 원활히 원산도에 진입할 수 있어 공사에 속도를 낼 수 있을 것으로 보인다. 이곳은 리조트 뿐 아니라 마리나항까지 갖춰질 예정이다. 그동안 모든 레저가 산, 계곡, 해수욕장으로 분리되었다면 앞으로는 낚시, 수상스키, 요트를 한 곳에서 즐길 수 있는 곳으로 트렌드가 변하는 것이다.

현재 원산도에서 바닷가 조망이 나오는 땅은 3.3㎡당 150만 원 정도다. 불과 작년에 30~50만 원 하던 땅이 1년 사이 80~120만 원으로 올랐다. 작년에 도로에 넓게 접한 제일 좋은 땅이 80만 원 선이었는데 지금 나오는 땅은 죄다 100만 원 이상이다(참고로 5년 전 원산도에 도로를 개설하며 진행한 보상가가 최저 32만 원, 평균 50~80만 원 선이었다). 현재 최고 시세를 자랑하는 곳은 해수욕장 바로 앞으로 500만 원의 시세에 달한다.

투자자의 마인드를 갖자

토지를 전문으로 하다 보니 다양한 지역에서 많은 분을 만나게 되는데 공통적인 특징이 있다. 그 지역 분들이 정보를 잘 아니 땅을 많이 사둬서 돈을 많이 벌 것 같지만 실상은 그렇지 않다는 점이다.

'예전에 여기 땅이 20만 원이었는데, 30만 원이었는데…' 하며 과거 기억에서 빠져나오지 못해 현재 시세인 100~150만 원이 턱없이 비싸게 느껴져 살 엄두를 내지 못한다. 하지만 투자자는 다르다. 과거 10만 원이었던 땅이 현재 100만 원이라도 앞으로 300~500만 원으로 오른다는 확신이 있으면 투자를 하는 것이다. 그래서 보통 지역 주민들보다 외지 투자자들이 돈을 더 잘 버는 경우가 많다(현재 원산도는 원지주가 13%밖에 없고 나머지는 외지인이 토지주다. 최근 농협에서 5,000평을 매입했음). 물론 이는 앞으로 오를 개발 호재가 있을 때를 전제로 하는 말이다. 이미 오를 대로 오른 땅을 뒤늦게 사들이는 것은 의미가 없다.

제2의 제주도로
거듭날 예정이다

현재 도로를 넓게 확장하기 위해 부지 매입을 진행하고 있는 과정에 일부 원주민들의 반발이 있다. 이유는 예전에는 농사지을 수 있는 농림지역 땅이 계획관리 땅보다 배 이상 비싸게 거래됐지만, 보상 시에는 계획관리 땅이 더 높게 보상이 되니 농림지역 지주들이 크게 반발하고 나선 것이다. 국가가 진행하는 국도는 보상금을 공탁하고 강제수용을 할 수 있지만, 지방도는 사정이 다르다. 물론 지방도도 지자체에서 공탁하고 공사를 강행할 수도 있지만, 민심의 표로 시장이 당선되는 상황이니 괜히 민심을 잃을까 쉽게 공탁할 수도 없는 입장이기 때문이다. 따라서 지자체에서는 다각도로 보상 협의를 진행하고 있다.

원산도 해수욕장은 수심이 맑은 점이 큰 장점이다. 예전에는 정화조 시설이 없었지만, 지금은 오·폐수가 정화되어 배출되니 사시사철 깨끗하다. 대천해수욕장보다 모래와 물이 모두 좋고 물살이 세서 내륙의 흙탕물 및 쓰레기가 이곳으로 들어오지 못한다. 이런 천혜의 자연환경으로 원산도 해수욕장으로 많은 인파가 몰려들 것으로 예상한다. 실제 지금도 봄~가을까지 바다 위에 낚싯배가 촘촘히 깔릴 정도로 매우 많은 사람이 낚시를 즐기러 온다.

현재는 간이상수도인 지하수를 사용하지만, 터널이 개통되면 상수도가 들어올 예정이다. 원산도~고대도를 연결하는 해상케이블카, 원산도~효자도를 연결하는 출렁다리 등 굵직굵직한 개발 호재들이 실현되면 이곳 땅값은 더욱 상승할 것으로 보인다. 내년 연륙교가 부분 개통되고 해저터널이 2022년 완공되면 원산도는 300만 원 미만의 땅은 없을 것으로 예상한다. 또한, 지금은 선별적으로 땅을 골라 살 수 있지만, 그때는 고를 땅도 남아 있지 않을 것이다.

땅값이 용도지역과 무관하다

이곳의 특징은 계획관리나 농림지역의 가격 차이가 평당 10만 원 안팎일 정도로 용도지역과 무관하게 가격 차이가 크지 않다. 일반적으로 활용도가 높은 계획관리 땅이 가격이 높은 것과 다른 양상이다. 그 이유는 원산도 전체의 개발할 땅이 적은 까닭에 용도지역과 무관하게 모두 해제될 예정으로 보기 때문이다. 실제로 규제를 해제하지 않으면 아무것도 할 수가 없기 때문이다. 그래서 맹지라도 도로에 접한 땅과 큰 가격 차이가 없이 거래되는 이유다.

원산도에는 지표면보다 8m가 낮은 염전이 넓게 자리 잡고 있는데 이 땅까지 개발하려면 흙을 메워 성토해야 한다. 하지만 메울 흙이 마땅치 않아 염전 자리는 개발하기 힘들 것으로 보인다. 그러므로 염전면적, 도로면적, 지역 주민들이 자리 잡고 앉은 주거면적을 제하면 개발할 수 있는 면적이 그다지 넓진 않다. 참고로 현재 원산

멀리 바다 조망이 보이는 땅, 맹지임에도 3.3㎡당 100만 원의 시세가 형성돼 있다.

표시한(염전) 곳은 흙을 메워 8m를 성토해야 하는데 실제 이곳은 흙을 충당할 곳이 없어 개발이 거의 불가능하므로 이 위치를 제외한 나머지 곳을 눈여겨봐야 한다.

도에서 거주하는 원주민은 1,074명 정도다. 지금이야 전경이 좋은 해수욕장 앞 땅만 찾지만, 솔직히 배부른 소리다. 해저터널이 완공되고 리조트가 준공되어 관광객들이 몰려오면 이 땅 저 땅 가리지 않고 들썩들썩하게 돼 있다.

신혼부부들이 선호하는
여주, 이천

경기도에서 여주, 이천은 다른 서울 위성도시보다 개발이 더딘 것이 사실이었다. 1기 신도시를 비롯해 서울에 인접해 있는 경기도 시는 많이 개발됐지만, 지리적으로 떨어져 있는 이천, 여주는 개발이 이뤄지지 않아 상대적으로 지가가 저렴하다. 하지만 고속도로 및 철도의 신설로 이동시간이 단축되면서 새로운 투자처로 각광받고 있다. 이미 인기 있는 곳은 가격대가 많이 올랐지만, 아직도 수도권보다 저평가되어 있는 곳이 많기 때문에 토지 투자자라면 꼭 알고 가야 하는 지역이다.

이천은 교통의 요충지다. 가로축으로는 영동고속도로와 제2영동고속도로(강원~원주고속도로, 2016년 11월 개통)가 지나간다. 세로축으로 서쪽에 호법분기점이 만나는 중부고속도로와 제2중부고속도로가 만나고, 동쪽으로 여주분기점이 만나는 중부내륙 고속도로가 지나간다.

최근 판교에서 여주까지 운행되는 경강선(2016년 9월 개통)이 개통되어 SK 하이닉스가 있는 부발역까지는 35분대, 여주역까지는 48분이면 해당 지역을 오갈 수 있다. 즉 강남의 회사로 출퇴근하는 직장인들도 여주, 이천 지역에서 1시간이면 충분히 출퇴근할 수 있다. 러시아워에 강북(도봉, 노원)쪽에서 강남까지 출근 시간이 40~50분가량 소비되는 걸 고려하면 10분 정도만 더 일찍 움직이면 여주, 이

여주역 전경

천에서도 충분히 출퇴근할 수 있다는 점이 매력이다. 서울 대다수의 아파트가 3.3㎡당 2,000만 원(강남은 4,000만 원 이상)을 넘는 것을 감안할 때 이곳은 서울보다 주택 가격이 훨씬 저렴하면서 한적하고 여가생활을 즐길 수 있는 있어 신혼부부의 문의가 많아지고 있다.

눈여겨봐야 할
여주

여주는 남한강을 끼고 있어 수질 보전이 중요하다. 그 물을 정화해 서울 시민이 수돗물로 쓰고 있으니 말이다. 그로 인해 큰 기업이나 공장들이 주변에 없어 자연스레 인구가 유입되지 않아 경기권에서 후퇴되어 있었다. 하지만 수도권의 포화상태와 더불어 2016년 9월에는 판교에서부터 여주까지 복선 전철인 경강선이 개통됨에 따라 여주지역이 각광받고 있다. 토지는 철도에 따라서 영향을 많이 받는 것은 누구나 아는 사실이다. 경강선 노선은 원주까지 한창 공사가 진행 중이다. 원주지역은 기업도시, 혁신 도시로 이미 지가 상승이 눈에 띄게 상승해 있어 적은 금액(3.3㎡당 100만 원대)으로 경기도에서 투자가 가능한 곳은 여주지역이 아닐까 한다. 동서로 연결

여주역세권 도시개발사업 조감도

시키는 철도 노선 주변으로 가격이 많이 상승했으니 우린 아직 저평가된 남북으로 이어지는 노선을 찾아봐야 한다.

여주역세권 도시개발사업 진행

경기 여주시 교동 일원에 추진되는 '여주역세권 도시개발사업'. 총면적 약 47만㎡에 전체사업비 665억 원을 투입해 2,200여 가구를 건립하는 사업이다. 사업시행자는 여주시로 2020년 준공을 목표로 하고 있다. 개발면적에 주거용지 32%, 상업용지 4.3% 등과 도로·공원·학교용지·환승주차장 등 도시기반시설 용지가 계획돼 있다.

2016년 11월 개통한 제2영동고속도로로 인해 서여주 및 남여주 IC까지 생겨 여주지역의 발전은 더욱더 빨라지고 있다. 또한, 여주시에는 15개의 골프장이 있어 인구 유입의 원인이 된다. 북쪽으로 남한강이 흐르고 산이 가로막고 있어 기가 빠지지 않는 지형을 가진 여주는 강남과 비슷한 지형적 위치다.

여주~문경선 역사가 생기는 가남읍 대신리를 보자. 이곳 2차선 도로변은 3.3㎡당 100만 원대지만 한 블럭 안으로 진입해서 본다면 아직 30~50만 원에 형성되어 있는 계획관리 토지나 자연녹지 토지를 매입할 수 있다. 가남읍과 가까운 심석리, 건장리, 은봉리 토지는 역사와 가까우면서 50만 원 전후이므로 지금 투자하면 좋은 곳이다. 다만 작은 평수의 토지가 많이 없으므로 분할로 공동 투자를 진행하면 더 효율적인 투자가 될 수 있다.

최근 성남~장호원 간 도로가 개통(2017년 12월 31일)함으로 가남읍에서 수도권 성남으로 교통이 한결 좋아졌다. 3번 국도와 교차점인 응암 교차로 근처 가남읍 신해리도 눈여겨볼 만한 지역이다. 최근 아파트 및 전원주택지가 속속들이 건축되고 있어 인프라도 좋아지며 앞으로도 더욱 발전할 지역이다.

전국 물류 중심도시
이천

이천에 물류단지가 많이 조성된 핵심 요인은 전국 모든 지역의 고속도로가 이곳에서 만나는 입지적인 특수성이 있다. 수도권과 근접한 위치이기 때문에 과거 대전이 물류단지의 중심축이었다면 현재는 이천으로 재편성되는 흐름을 보인다. 최근 성남~여주(경강선)의 개통으로 sk 하이닉스 + 고속도로 + 복선 전철의 트리플 호재여건을 갖춘 이천은 인구와 배후시설들이 밀집될 매우 가치 있는 지역이다.

부발역은 주변에 sk 하이닉스 대기업이 자리 잡고 있고 충주와 평택으로 이어지는 3개 노선이 교차하는 곳으로 트리플 역세권이다.

이곳의 입지 좋은 토지는 3.3㎡당 500만 원 이상을 호가하고 있음에도 매매할 토지가 없을 정도로 이미 많은 투자자가 선점하고 있다. 아직은 경강선(판교~여주)만 운행하고 있으나 추후 충주로 이어지는 중부내륙선과 평택선까지 합류한다면 입지는 더욱 좋아질 것이다. sk 하이닉스도 시설을 늘리고 있으니 인구가 자연스레 늘어날 지역이 이천이다. 역 주변으로는 이미 가격이 많이 올라 있어 소액 투자자들이 접근하기는 힘들기에 주변 저평가된 곳을 찾아본다면 아직 투자할 곳은 남아 있다.

가남역 인근을
살피자

먼저 3년 정도 묵혀둘 지역으로는 부발역에서 문경까지 이어지는 중부내륙철도 역사 주변이다. 부발역에서 한 정거장 밑으로 내려가면 가남역(2019년 말 완공 목표)이 있다. 부발은 행정구역이 이천이고 가남은 여주시지만 이천 중심지까지 10분 거리로 생활권은 이천에 두고 있다. 가남읍 시내는 부발역까지 직선거리로 7km(차량 10분), 하이닉스까지는 6km 이내로 부발역을 인근으로 남쪽으로 개발 여파를 받고 있다. 부발역 주변은 이미 500만 원대를 호가해 토지 투자하기는 늦은 감이 있으니 앞으로 개통되고 접근성이 좋아질 가남을 주목해야 한다. 가남역 주변은 녹지와 계획관리로 이뤄져 있는데, 역 맞은편은 이미 가격대가 200만 원 이상을 호가하고 있다. 하지만 5분 이내 조금만 주변을 살펴보면 아직까지 1종 근생을 지을 수 있는 100만 원 이하의 계획관리와 자연녹지 토지들이 즐비해 있다. 이곳은 대신리나 건장리가 가까이 있어 상당히 매력적인 위치라고 볼 수 있다. 작년 말경에 아는 지인에게 80만 원대 토지를 추천했고, 땅을 매입한 지인은 수익을 기다리고 있다. 가격대가 조금 부담된다면 심석리나 은봉리는 50만 원대로 투자할 만한 토지가 있으니 찾아보면 좋을 듯하다. 가남읍 북쪽에 위치한 신해리는 전원주택 및 소형 아파트 건설사들이 이미 많이 토지를 구입해 건설하고 있다.

가남읍에서 차로 5분 거리를 넘어서면 남쪽으로 장호원이 있는데, 장호원까지 개발 여파를 받으려면 시간이 많이 필요할 것 같아 5년 이내 투자를 생각한다면 가남읍 주변까지 보기를 당부하고 싶다.

지금까지 토지 투자를 하고 싶은 독자는 어떻게 해야 하는지, 어떤 순서를 통해 투자를 임해야 하는지 주의할 사항은 무엇인지, 좀 더 나은 투자를 위해서는 어떤 행동이 필요한지 서술했다. 나는 수많은 시간을 투자하고 지역을 발품 팔면서 느끼고 인지한 생각들을 독자들에게 조금이라도 이해하기 쉽게 표현하려고 노력했다.

"아직 20대 초반인데 토지 투자는 돈 많은 분들의 영역 아닌가요?"

"내 나이 70인데, 토지 투자해서 장기간 묶이면 언제 돈 벌겠어?"

가끔 이렇게 말씀하시며 자신은 토지 투자와 거리가 멀다고 생각하는 분들이 있다. 하지만 세상에 너무 이른 시간도 너무 늦은 시간도 없다. 단지 그걸 핑계로 삼는 사람만이 있을 뿐이다. 토지 투자도 마찬가지다. 20대 초반인 경우, 소액 투자로 호재가 빛을 발할 지역에 투자해놓는다면 누구보다 멋진 30대를 맞이할 것이다. 70대 어르신이라면 1~3년 안에 시세차익을 받고 되팔 수 있는 지역에 투자하시면 된다.

성공은 그냥 찾아오는 것이 아니다. 열심히 일한 부산물이 바로 성공이다. 일하지 않고 성공을 바라는 사람은 마치 감나무 밑에서 감이 떨어지길 기다리는 사람과 다름없다. 따라서 성공을 바란다면 지금 당장 열정을 가지고 시작하자. 그러다 보면 반드시 토지 투자에 성공해서 '부자' 소리 듣는 날이 머지않아 올 것이다.

'나는 할 수 있다'도 맞는 말이고, '나는 할 수 없다'도 맞는 말이다. 본인이 할 수 있다면 당연히 할 수 있다. 하지만 본인이 할 수 없다고 포기하면 더 이상 할 말이 없다. 즉, 본인의 마음가짐이 중요하다.

우리의 뇌에는 큰 힘이 있다. 바로 자신이 선택한 대로 이뤄내는 것이다. 어려운 상황에 부딪혔을 때 '나는 할 수 있다'라는 마음을 가지면 우리의 뇌는 할 수 있도록 자신감과 의욕을 발생시킨다. 반대로 '나는 할 수 없다'를 선택하면 우리 뇌는 이러저러해서 안 된다는 이유를 찾고 두려움을 만들어 정말 그 일을 할 수 없게 만든다.

'할 수 있다'와 '할 수 없다'는 내 선택이다. 뇌가 가진 특성은 누구나 같지만 어떤 선택을 하느냐에 따라 그 결과는 달라진다. 자신의 뇌를 믿고 얼마만큼 긍정적인 정보를 주느냐에 따라 뇌의 능력이 달라지니 '할 수 있다'라는 긍정적 신호를 보내 성공을 성취해보자.

이 책이 토지 투자를 위한 독자들에게 조금이라도 도움이 될 수 있다면 나는 더할 나위 없이 행복할 것이다. 쉽게 풀어쓰려고 노력했는데도 이해가 어렵다면 '토지스쿨' 카페를 통해 소통할 수 있도록 언제든지 준비가 되어 있다. 카페에는 토지이론부터, 현재 유망한 지역, 돈 되는 지역 등 실전 투자까지 많은 정보가 담겨 있다. 부동산을 전혀 모르는 생초보자도, 식견이 있는 고수 투자자도 모두 아우를 수 있는 카페이니 방문하면 유익한 정보를 얻을 수 있을 것이다.

이 책이 초보자들이 토지 투자를 시작할 때 도움이 될 수 있도록 기획되었다면 후편은 실제로 돈 되는 토지 이야기를 해보려 한다. 물론 1편에서도 끝에 간단히 7개 지역분석을 해드렸지만, 후편에서는 전국을 상대로 '리' 단위까지 상세히 기술할 계획이다. 그래서 후편 제목을 자칭 《전국 땅 지도(가제)》라는 이름을 붙인 것이다. 현재 많은 지역 정보를 보유하고 있으니 토지 투자에 관심 있는 분들은 후편 책이 나오기 전이라도 카페를 통해 소통하면 좋을 듯하다. 일일이 발품 팔아 현장에서 소통해서 얻은 정보들이니 어디에서도 볼 수 없는 주옥같은 정보들이다.

지금 이 사이에도 개발계획은 나타나고 있고 땅값은 오르고 있다. 반대로 과거에는 좋았던 지역이 지금이 너무 올라 거품이 껴 있을 수 있는 지역도 있다. 지역은 살아 움직이는 생물체와 같다. 하나의 정보에 의존하는 게 아닌 여러모로 분석하고 끊임없이 현장을 방문해 늘 정확한 정보를 드리고자 오늘도 나는 전국을 향해 출발한다.

본 책의 내용에 대해 의견이나 질문이 있으면
전화 (02)333-3577, 이메일 dodreamedia@naver.com을 이용해주십시오.
의견을 적극 수렴하겠습니다.

땅사부일체

제1판 1쇄 발행 | 2018년 5월 12일
제1판 3쇄 발행 | 2019년 11월 21일

지은이 | 정연수
펴낸이 | 한경준
펴낸곳 | 한국경제신문*i*
기획제작 | ㈜두드림미디어

주소 | 서울특별시 중구 청파로 463
기획출판팀 | 02-333-3577
영업마케팅팀 | 02-3604-595, 583 FAX | 02-3604-599
E-mail | dodreamedia@naver.com
등록 | 제 2-315(1967. 5. 15)

ISBN 978-89-475-4340-8 03320